Cet ouvrage est publié à l'occasion de l'exposition Magnus von Plessen, à l'espace 315, Création contemporaine et prospective, Musée national d'art moderne du Centre Georges Pompidou, Paris, 9 juin-16 août 2004.

This book is published to coincide with the exhibition Magnus von Plessen, in the Espace 315, Création contemporaine et prospective, Musée national d'art moderne, at the Centre Georges Pompidou, Paris, 2004 June 9-August 16.

en couverture/cover :
Magnus von Plessen,
Lena
2000, (détail)

Le Centre national d'art et de culture Georges Pompidou est un établissement public national placé sous la tutelle du ministère chargé de la culture (loi n° 75-1 du 3 janvier 1975).

ISBN 2-84426-246-5
N° éditeur 1239
Dépôt légal : juin 2004

Magnus von Plessen

Zu den Sachen selbst
Le retour aux choses mêmes

Christine Macel

Quelque chose manque

Lors d'une visite de l'atelier de Magnus von Plessen à l'automne 2003, au bord d'un canal du Lichtenberg berlinois, je m'étais installée dans un fauteuil en bois à roulettes, qui semblait comme une de ces antiques chaises pour handicapés. La possibilité de regarder une peinture assise tout en pouvant se mouvoir, m'a permis de voir les œuvres pendant un long moment, plus long et plus concentré, sans doute, que la vision debout ne le permet en général dans les salles de musée. Un peu comme au cinéma, où l'on se trouve dans cet état de sous-motricité qui libère l'œil et l'imaginaire. J'étais d'ailleurs assise dans un fauteuil qui paraissait figurer dans une de ses dernières toiles de grand format, *Außen*, 2003, sous une sorte de pergola en bois, face à un ciel évoquant un coucher de soleil sur la lagune vénitienne, celui qu'il venait de contempler, invité à la Biennale en juin. La sensation que j'éprouvais me fit lui dire comme seul commentaire de cette œuvre pourtant très architecturée : « Quelque chose manque. » Il opina. Plus exactement, je sentais conjugués dans ce tableau, à la fois une forte présence, une construction portée à l'excès, et un manque tout aussi intense. Mon sentiment fut confirmé et amplifié devant un plus petit tableau, *Liegende*, 2003, représentant une femme de dos, allongée sur un canapé dont la base était seulement esquissée par un trait brun. Le corps de la femme, comme ce sur quoi elle aurait dû reposer, manquaient littéralement, figurés par un fond bleu en larges touches horizontales. De plus, comme dans d'autres tableaux de Plessen, les trois *Selbstporträt*, *Die Brüd*er ou *Die Nackte*, le visage, ici de la femme, était dissimulé, voire tronqué. L'impression d'un manque prenait place face à quelque chose qui aurait dû être là, alors même que le tableau possédait une indéniable présence, provoquant ainsi une paradoxale frustration du voir. Ma réflexion se porta ensuite sur cette dialectique du manque et de la présence, comme essentielle à la peinture. D'un côté, l'impossibilité phénoménologique de la saisie ne permet pas d'accéder à une véritable visibilité de la figure. De l'autre, la peinture donne à voir justement une présence, celle que l'image photographique ne saurait atteindre. Cette dialectique de la présence et du manque me remémora les réflexions sur la peinture de deux philosophes, le second s'étant inspiré du premier, Gilles Deleuze et Georges Didi-Huberman. Les deux mettaient en évidence à partir de cette opposition irrésolue, le lien à l'*hystérie* de la peinture, Gilles Deleuze dans son ouvrage consacré à Francis Bacon [1] et Georges Didi-Huberman dans *La peinture incarnée* [2], méditation autour du « Chef-d'œuvre inconnu » de Balzac. Pour Deleuze, parce qu'elle donne à voir la présence, il existe «un rapport spécial de la peinture avec l'hystérie». «Avec le peintre, l'hystérie devient peinture» [3], dit-il encore – étant bien entendu qu'il ne s'agit pas de l'hystérie du peintre lui-même. Pour Didi-Huberman, le tableau «manque toujours (*hystérizei*) son achèvement», remarque-t-il en poursuivant sa réflexion autour de la tragédie de Frenhofer. Le tableau montre autant qu'il dissimule. Il montre une invisibilité. Didi-Huberman parle même de coloris-symptôme et de «l'impératif catégorique et fantasmatique, pour la surface peinte, d'être hystérisée» [4].

Manque et présence conjugués dans l'œuvre de Magnus von Plessen autoriseraient ces rapprochements, bien que cet incarnat de la chair dont parle tant Didi-Huberman soit étranger à sa peinture. Ces réflexions par rapport à «l'hystérie» de la peinture, entendue comme une irréductibilité de la présence et de l'absence, trouvent également leur sens lorsqu'on retourne à ses deux premières peintures, *Augustine* et *Augustine II* , inspirées notamment par les analyses de Didi-Huberman dans son ouvrage : *Invention de l'hystérie. Charcot et l'iconographie photographique de la Salpêtrière* [5]. À travers ces deux tableaux, Plessen explore d'emblée deux problématiques centrales de son travail, d'une part ce balancement constant entre présence et manque, de l'autre le rapport particulier que sa peinture entretient avec la photographie.
L'*Augustine* de 1999, est un petit tableau de trente centimètres sur quarante, basé sur la photographie tirée de l'ouvrage de Régnard, *Iconographie photographique de la Salpêtrière* (Tome II, planche XIV). Cette photographie représente une jeune femme blonde et coquette, assise, à la fois souriante et indifférente, qui se trouve, selon la mention de la planche, dans un «état normal» d'hystéro-épilepsie. Ce qui frappe ici, c'est la lenteur qui émane de cette image, son temps, son aura. Plessen l'exalte en se rapprochant encore plus du visage que ne l'avait fait Régnard, en se concentrant sur la face d'Augustine. La fascination éprouvée devant cette image repose sur un charme mélancolique intense, propre à la photographie en tant qu'«ici et maintenant», spectre de celle qui pose. Le tableau de Plessen est un tableau sur la pose photographique, qui entremêle de manière indécidable présence et absence.
L'*Augustine II* a un format un peu plus grand, quarante centimètres sur cinquante, il est basé sur la planche XXX du même ouvrage, représentant la phase de contracture. Mais Plessen a coupé l'image de l'Augustine avec son avant-bras tordu et son corps dénudé entouré d'une couverture, pour se concentrer sur le visage au chignon défait, la tête

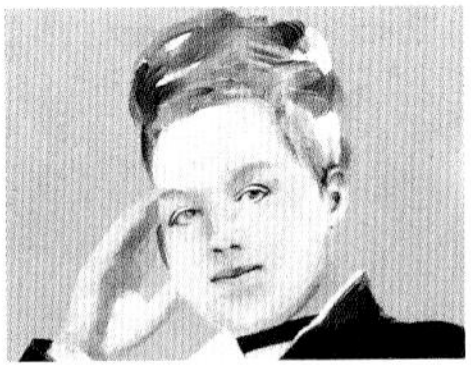
Augustine
1999
30 x 40 cm

penchée sur l'épaule, le regard biaisé et envoûtant. Plessen dédaigne une partie de la photographie pour magnifier le masque de la femme fatale. Il invente le portrait d'Augustine, délivrée de cette exercice de pose qui permit à Charcot de découvrir l'hystérie.
Plessen affirme avec cette œuvre, que la peinture fonde une autre réalité que celle de l'image.

Le retour aux choses mêmes
A partir des deux portraits d'Augustine, que Magnus von Plessen décrit lui-même comme encore «pictorialistes», l'œuvre s'est construite comme une succession de tableaux rebondissant de l'un à l'autre, vers une peinture refusant l'illusionnisme et s'envisageant de plus en plus comme une «construction». Plessen semble s'appuyer sur la conception cézannienne d'une réalité parallèle du tableau, non pas forcément une représentation du réel mais une réalisation en soi, «pour sortir des clichés», comme l'écrivait Deleuze en citant D. H. Lawrence à propos de Cézanne[6]. Plessen opère ce mouvement, sans pour autant revenir à une conception moderniste de la peinture, mais en ouvrant une voie personnelle, postérieure à la parenthèse post-moderne, qui définit un autre régime des images, qui ne choisit pas entre le dicible et le visible, qui n'illustre rien mais figure, qui ne propose pas de narration mais raconte l'histoire qui court dans l'esprit de l'artiste, les mots qu'il se dit.
Le paradigme de cette traversée, ce sont les trois tableaux *P. C.*, de 2003, qui semblent re-raconter le dialogue du peintre et du photographe à la fin du XIXe siècle, notamment autour de la question du portrait. Walter Benjamin dans sa «Petite histoire de la photographie» rappelle comment la découverte de Daguerre est devenue un moyen auxiliaire pour les peintres, qui se sont trouvés congédiés par le technicien, surtout dans le cas du portrait. Magnus von Plessen raconte, lui, comment le peintre revient au portrait délivré de la photographie, grâce à la sensation des choses elles-mêmes.

Les trois tableaux *P. C.* s'inspirent d'un autoportrait de Cézanne réalisé à partir d'une photographie. Ce moyen, Cézanne l'avait déjà été utilisé pour l'étrange premier portrait de 1861-1862, contrairement aux quelque quarante autres autoportraits, datés principalement des années 1880, pour lesquels il a travaillé avec un miroir. La photographie a été prise par Cézanne vers 1872, tandis que le tableau a été peint dix ans plus tard, vers 1883-1885. Les historiens d'art se sont demandé pourquoi Cézanne avait réalisé cet autoportrait d'après une photographie, et surtout pourquoi presque dix ans plus tard – question demeurée irrésolue –; tandis que William Huntington Wright jugeait judicieusement cette œuvre comme mineure, en raison d'un manque de cohésion évident entre la tête et le torse, et d'une faiblesse de style. La raison possible de cette faiblesse résiderait peut-être, justement, dans le fait de copier une photographie, plutôt que d'être immergé dans une vision interne de soi, construite par la touche. C'est ce que Magnus von Plessen tente de montrer. Là où Cézanne aurait abandonné son credo – revenir aux sources impalpables des sensations –, il aurait échoué.
P. C., le premier portrait de Plessen d'après l'autoportrait de Cézanne, est peint en regard de la photographie du tableau, selon un procédé analogue à celui de Cézanne. Le résultat, le plus conventionnel des trois *P. C.*, apparaît comme le moins intéressant et confirme la réflexion de Plessen. Le deuxième portrait, *P. C. (Small)*, est

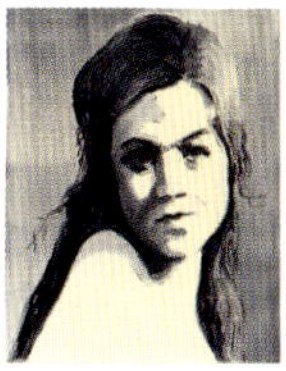

Augustine II
1999
50 x 40 cm

réalisé d'après la mémoire de la photographie de Cézanne. De larges bandes verticales de couleur ocre-gris définissent un fond sur lequel viennent des bandes marron horizontales, qui entremêlent le fond et le corps de la figure. *P. C. (Large)* est le troisième portrait, de plus grand format et réalisé d'après la même photographie, mais construit comme un paysage, avec un refus de la mimésis. De larges bandes verticales offrent un fond qui pénètre une figure sans contours, construite comme un élément d'architecture, typique de la récente manière de Plessen. L'artiste parachève ainsi sa réflexion en donnant son meilleur tableau, celui qui révèle une sensation délivrée de la seule photographie.
Certains des tableaux de Plessen, comme les quatre *Nachtraum*, jouent du cinématographique, tandis que l'ensemble des premiers jusqu'au tournant de la *Raumfigur*, affichent leur lien à la photographie comme support du tableau. Mais les photographies restent impuissantes à décrire une sensation. C'est pourquoi Plessen, malgré son attachement à la photographie, est l'inverse d'un Gerhard Richter, le «peintre-photographe». Son œuvre s'inscrit à contre-courant de toute l'école actuelle de la peinture allemande fascinée par l'image photographique et flirtant avec l'hyperréalisme, d'un Eberhardt Havekost à un Tim Eitel. Magnus von Plessen bâtit son œuvre sur un rejet construit du photographique au profit de la peinture. Chaque tableau semble s'engager de plus en plus vers ce rejet définitif. En même temps, il n'a pas la naïveté d'oublier la photographie. Il l'intègre pour s'en défaire. Ce qu'il veut oublier, c'est l'image qui renvoie à quelque chose d'autre, celle qui a inspiré toute la tradition pop, l'hyperréalisme et la nouvelle figuration.
De nombreux peintres, à la fin des années soixante-dix et dans les années quatre-vingt, avaient parié le retour de l'image sur la peinture, tel Enzo Cucchi cité par Jean-François Chevrier dans son «Hommage à Gerhard Richter»: «Aujourd'hui la peinture n'est pas indispensable. [...] Je pense que ce terme [la peinture] n'est pas indispensable! Je pense que ce terme ne veut rien dire. Ce qui est essentiel, c'est l'image»[7], déclarait-il. Magnus von Plessen gage, lui, du contraire.

En cela, il se distingue tout à fait de la réaction post-moderniste qui signait une ruine du modèle pictural bidimensionnel avec le retour de la figuration, celui de la signification, et la lente invasion de la peinture tridimensionnelle et narrative, telle que la décrit Jacques Rancière[8]. En même temps, il ne prend ni la voie de l'expressionnisme hypersubjectif d'un André Butzer ou d'un Jonathan Meese, ni celle de l'abstraction d'un Frank Nitsche qui recouvre les images des médias. Ainsi, Plessen construit et poursuit une voie originale, celle de la peinture comme sensation, ou de ce qu'Isabelle Kacprzak[9] nomme «images intérieures». Ou encore, pour reprendre le mot de Merleau-Ponty décrivant des sensations correspondant à des états ou des manières d'être du sujet, comme de «véritables choses mentales»[10]. Cette approche phénoménologique de la peinture a permis de dépasser l'idée d'un deuil de la modernité, avec une perpétuation d'une peinture anti-mimétique, certes, mais où demeure la figure. Une peinture qui ne s'embarrasse pas de l'idée d'autonomie du médium, en jouant d'un rapport constant à la photographie. Dans le processus des tableaux, apparaît une sorte d'«altération de la ressemblance», selon le mot de Jacques Rancière[11], et non pas une alternative entre anti-figuratif et irreprésentable.

Ce qui caractérise la peinture de Magnus von Plessen, c'est d'abord la figure isolée, le sujet banal. Un parking, une femme qui fume, un citron pressé. Il refuse à la fois d'illustrer et de raconter une histoire. Il poursuit, à la suite de Cézanne, le projet de la sensation comme ce qui est peint. Il peint sa manière à lui de ressentir, le parking, la femme qui fume, le citron pressé. Le parking dans le vert glauque, la femme sur un fond rose bonbon dont le profil se confond avec la fumée, la goutte du citron écrasé tombant sur un sucre gris. Pour cela, Plessen a mis en place des moyens qui lui sont propres. La figure, tout d'abord, demeure toujours présente, même lorsqu'elle devient plus indiscernable. La touche ensuite, une touche picturale élargie et allongée en bandes parallèles, comme une extension de la touche constructive cézanienne. Et enfin la couleur, avec ses coloris de bleu, de brun et de vert qui caractérisent la dernière année. L'évolution de Plessen a signé l'absence progressive du dessin et du contour, encore présent avec *Augustine*, en 1999, ou avec *Die Nackte*, 2000. D'emblée, il a rejeté l'illusion de la profondeur et la perspective des techniques illusionnistes. Comme le dit Merleau-Ponty, la profondeur appartient de toute évidence à la perspective et non aux choses[12]. Plessen s'est concentré sur un travail de la touche et de la couleur. Ce qu'il conserve de la photographie, c'est finalement, avec la touche élargie, un fort aspect indiciel, propre au signe photographique.

À partir des deux tableaux, *Raumfigur* et *Felicity*, peints en 2002, Magnus von Plessen a opéré un tournant, celui de la construction de la figure par une touche allongée en bande, créant une sensation de sédimentation picturale. Le portrait de Felicity a ainsi été décrit par Plessen dans une formule lapidaire : « Felicity, 146 brustrokes ». Le dessin est évacué. C'est la temporalité de la peinture qui devient sujet, le temps du geste. La figure, elle, se trouve mêlée au fond, un fond blanc qui fait chair. On remarque, d'ailleurs, qu'il n'y a pas de chair incarnée ou « incarnat », dans ses portraits. Le corps s'aplatit dans la toile. Son travail s'éloigne ainsi de cette « hystérisation » de la peinture à travers l'exaltation de la surface-peau ou du corps sans organes, décrite par Deleuze ou Didi-Huberman. Bien qu'il ait beaucoup regardé la peinture d'un Lucian Freud, qui exalte le corps comme chair, Magnus von Plessen rejette le corps, la chair, le cri. Cette hystérie fondamentale de la peinture, selon Deleuze, Plessen l'a conjurée en inventant « une cérébralité proprement picturale »[13]. Ce qu'on voit *in fine*, ce n'est pas la femme mais le tableau, la sensation de la femme devenue tableau.
Plessen a travaillé dans les tableaux qui suivent, à un éclatement progressif des points de vue. Il a instauré un regard mobile, qui permet de se dégager d'une image « pauvre » et instantanée. L'objet perçu semble l'être alors selon une multiplicité de « profils ». A ce titre, *7th Between 51st and 52nd Street / 14:30 h* (2002) marque un tournant, avec l'adoption du grand format, tout en constituant le premier tableau dans lequel il est possible de pénétrer. Plessen a tenté de peindre l'expérience de rentrer dans un temps et dans un espace qui soient une projection mentale. Ce tableau offre, à l'instar des suivants, une expérience nouvelle, celle de pouvoir entrer « physiquement » dans la sensation de ce moment imaginaire, de pouvoir partager les images mentales du peintre. C'est ce qui est également sensible dans les quatre grands tableaux de 2003, *Treppe*, *Außen*, *Innen* et *Ohne Titel*. La figure a entamé une disparition relative, tandis que demeurent la bande

constructive et la couleur. Des juxtapositions d'éléments architecturés explosant toute perspective, rappellent un escalier ou une pergola. Dans le grand tableau *Innen*, une voûte romane semble vue d'en dessous, dans une sorte d'indécidabilité persistante du motif. La mobilité du regard est exacerbée. Le tableau devient, plutôt qu'une architecture, la construction d'une réalité en soi.
Ce que Magnus von Plessen rend visible et dicible dans sa peinture, on l'a évoqué, ce sont ses «images intérieures». Il peint ce qu'il a dans la tête, le flux de ses sensations et de ses histoires intérieures, ses souvenirs, sa sensation du temps. Il tente de retranscrire un flash de lumière, une figure dans un contre-jour, une pénombre dans un parking. Ce qui fait de lui un peintre que l'on rapprocherait moins d'un autre peintre que d'écrivains qui se sont attachés à la description d'un courant de conscience, James Joyce ou Fernando Pessoa, pour la mélancolie et l'intranquillité.

«Zu den Sachen selbst», disait Edmund Husserl. Magnus von Plessen opère en effet avec sa peinture un retour aux choses mêmes, aux sources du phénomène de l'espace, du temps, de la durée, de la chose, qu'il tente d'élucider. En cela, il est un peintre «phénoménologique».
En même temps, demeure toujours cette sensation première que: «Quelque chose manque.» Quelque chose de la sensation éprouvée devant la pergola et le fauteuil, quelque chose ressenti devant la femme blonde allongée sur le canapé, qui ne saurait être rendu dicible ou visible. Plessen peint également l'échec à saisir le monde, car aucune pensée ne saurait se saisir elle-même. Aucun visage ne peut se voir lui-même, comme il le peint dans ses autoportraits sans visage (*Selbstporträt I-IV*).
«L'ipséité n'est, bien entendu, jamais atteinte», «Ce qui fait la réalité de la chose est donc justement ce qui la dérobe à notre possession.»[14] C'est cela que peint Magnus von Plessen, ce qui est là et ce qui se dérobe.

Notes

1. Gilles Deleuze, Francis Bacon, *Logique de la sensation. La vue, le texte*, Paris: éditions de la Différence, 1981.

2. Georges Didi-Huberman, *La peinture incarnée* suivi de «Le Chef-d'œuvre inconnu» par Honoré de Balzac, Paris : Les éditions de Minuit, 1985.

3. Gilles Deleuze, *op. cit.*, pp. 33-38.

4. Georges Didi-Huberman, *op. cit.*, p. 30.

5. Georges Didi-Huberman, *Invention de l'hystérie, Charcot et l'iconographie photographique de la Salpêtrière*, Paris: éditions Macula, 1982.

6. Gilles Deleuze, *op. cit.*, p. 57.

7. Jean-François Chevrier, in catalogue *L'époque, la mode, la morale, la passion*, Centre Pompidou, 1987, pp. 61-69.

8. Jacques Rancière, *Le partage sensible*, Paris: La fabrique éditions, 2000, p. 42.

9. Isabelle Kacprzak, citée par Magnus von Plessen, in *Magnus von Plessen, Malerei*, K21 Kunstsammlung Nordrhein Westfalen, Düsseldorf, p. 72.

10. Maurice Merleau-Ponty, *Phénoménologie de la perception*, Paris: Gallimard, (1945) 2002, p. 240.

11. Jacques Rancière, *Le destin des images*, Paris: La fabrique éditions, 2003, p. 20.

12. Maurice Merleau-Ponty, *op. cit.*, p. 296.

13. Gilles Deleuze, *op. cit.*, p. 37.

14. Maurice Merleau-Ponty, *op. cit.*, pp. 269-270.

Zu den Sachen selbst
Back to the things themselves

Christine Macel
translation by Charles Penwarden

Something is missing

When visiting Magnus von Plessen in his studio on the banks of a canal in Berlin's Lichtenberg district in autumn 2003, I settled into a wooden chair with wheels on, rather like one of those old chairs for the disabled. Being seated and at the same time able to move, I was able to stay looking at the works for a long time, longer and with greater concentration, no doubt, than is possible when standing in the rooms of a museum.
Rather like being in the cinema, one finds oneself in a state of sub-motricity that frees the eye and the imagination. In fact, I was sitting in the chair that seemed to feature in one of his newest large canvases, *Außen* (2003), where it is seen below a kind of wooden pergola, facing a sky which evokes sunset on the Venetian lagoon, the lagoon he had seen when invited to the Biennale that June.Although the work was highly structured, the sensation it produced in me prompted me to say, simply, that "Something's missing." He nodded.
More exactly, what I felt this painting combined was a powerful presence, an extremely constructed feel, and an equally intense lack. My feeling was confirmed and amplified when I saw a smaller painting, *Liegende* (2003), representing a woman with her back to us, lying on a sofa whose base was suggested simply by a brown line.
The woman's body, and what she should have been resting on, were literally absent. They were figured by a blue ground of broad, horizontal brushstrokes.
Moreover, as in other paintings by Plessen, the three self-portraits, and *Die Brüd*er and *Die Nackte*, for example, the face was hidden, or even cut off. The impression of a lack came over me, brought on by something that should have been there, when at the same time the painting had undeniable presence, resulting in a paradoxical scopic frustration.
My thoughts then turned to this dialectic of absence

and presence, as something that is essential to painting. On one hand, the phenomenological impossibility of capture means that it is not possible to make the figure truly visible; on the other, painting does indeed make evident a presence, the presence that a photographic image cannot reach. This dialectic of presence and lack brought to mind reflections on painting by two philosophers, Gilles Deleuze and Georges Didi-Huberman (the latter to some extent inspired by the former). Both work from this unresolved opposition to show how painting is linked to hysteria – Deleuze in his book on Francis Bacon [1] and Didi-Huberman in *La peinture incarnée*, [2] a meditation on Balzac's "Le Chef-d'œuvre inconnu" (The Unknown Masterpiece). For Deleuze there is "a special relation between painting and hysteria" precisely because painting shows us presence. "With the painter, hysteria becomes painting," [3] he says – though, of course, this hysteria is not the painter's. For Didi-Huberman in his reflections on Frenhofer's tragedy, the painting "always misses (*hystérizei*) its completion." The painting hides as much as it shows. Didi-Huberman even speaks of color as symptom and of "the categorical and fantastical imperative for the painted surface to be hystericized." [4]

The combination of lack and presence in Plessen's work might be taken to justify such parallels, even if the *carnation* that Didi-Huberman evokes at such length is absent from his work. These thoughts on the "hysteria" of painting, understood as an irreducibility of presence and absence, are also germane to his first two paintings, *Augustine* and *Augustine II* , inspired as these were in part by the analyses in Didi-Huberman's *Invention de l'hystérie. Charcot et l'iconographie photographique de la Salpêtrière.* [5] In these two paintings, Plessen explores two problematics that have proved central to his work: on the one hand, the constant interplay between presence and lack, and, on the other, his paintings' very particular relation to photography.

Augustine (1999) is a small painting (thirty by forty centimeters) based on a photograph from Régnard's book, *Iconographie photographique de la Salpêtrière* (Volume II, plate XIV). This photograph shows a smart young blond woman, smiling yet indifferent, in what the caption calls a "normal state" of hystero-epilepsy. The striking thing about this image is the slowness it exudes – its time, its aura. Plessen heightens this by homing in and concentrating on Augustine's face even more than Régnard did. The fascination we feel for this image is based on an intense melancholy charm, specific to photography as a "here and now," as the specter of the sitter. Plessen's painting is about the photographic pose, with its inextricable mixing of presence and absence.

Augustine II is slightly larger, forty by fifty centimeters, and is based on plate XXX in the same book, representing the phase of contracture. But Plessen has cut off the image of Augustine, excluding her twisted forearm and her naked body wrapped in a blanket, and chosen to concentrate on the face, with the loosened chignon, the head leaning on the shoulder, the bewitching sideways look. Plessen spurns part of the photograph in order to magnify the mask of the *femme fatale*. With this painting he invents *the* portrait of Augustine, freed from the exercise of posing that allowed Charcot to reveal the hysteria.

In this work, Plessen is showing that painting founds a reality different from that of the photographic image.

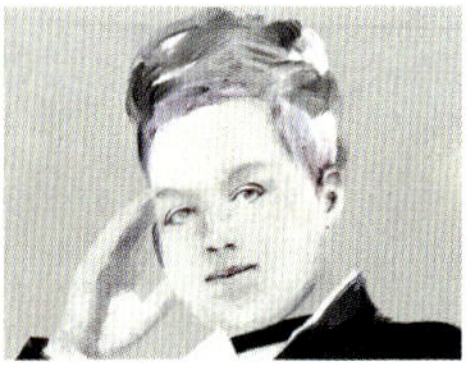

Augustine
1999
30 x 40 cm

Back to the things themselves
Following these two portraits, which the artist himself describes as still "pictorialist," Plessen's work has developed as a succession of works in which each is a departure from the one before, moving towards painting that rejects illusionism and is increasingly envisaged as a "construction." Plessen seems to be going by Cézanne's idea of the painting as a parallel reality, not necessarily a representation of the real but as an entity in its own right, made "in order to get away from clichés," as Deleuze wrote, quoting D. H. Lawrence's words on Cézanne.[6] Plessen effects this movement, but without going back to a modernist conception of painting. Instead, he opens up a personal path, coming after the postmodern interlude and defining another regime of images.
It does not choose between the sayable and the visible, does not illustrate but *figures*, and does not offer a narrative but relates the story in Plessen's mind, the words that he speaks to himself.

The three *P. C.* paintings of 2003 are paradigmatic of this journey. Their reference to Cézanne is perfectly manifest. They seem to re-relate the dialogue between painters and photographers at the end of the 19th century, notably around the question of the portrait. In his *Little History of Photography*, Walter Benjamin showed how Daguerre's invention became an auxiliary for the painters, and how painters were displaced by technicians, especially in the case of portraiture. What Plessen shows is how the painter can return to the portrait, now freed of photography, by seeking out the sensation of the thing itself.
The three *P. C.* paintings are inspired by a Cézanne self-portrait made using a photograph. This was not the first; Cézanne used the same method for his strange, first self-portrait dated 1861-62. In contrast, for his forty-odd other self-portraits, most of them from the 1880s, he worked with a mirror. The photograph in question was taken by Cézanne in around 1872, whereas the painting was made ten years later, some time between 1883 and 1885. Art historians have tried to understand why Cézanne made this self-portrait using a photograph, and especially one taken more than ten years earlier. No conclusive answer has been found. William Huntington Wright judiciously argues that the work itself is minor, by virtue of the evident incoherence of the head and torso and the stylistic weakness. Perhaps the reason for this weakness is precisely that he was copying from a photograph, rather than being immersed in an inner vision of himself and building this up touch by touch. This is what Plessen tries to show, that when Cézanne abandoned his credo of going back to the impalpable sources of sensations, he failed.
P. C., Plessen's first portrait based on the Cézanne self-portrait, was painted using a photograph of the work, in a procedure analogous with Cézanne's own. The result is the most conventional and probably least interesting of the three *P. C.* pieces, thus confirming Plessen's ideas. The second portrait, *P. C. (Small)*, was based on his memory of the photograph of Cézanne. Against a ground formed by broad, vertical strips of grayish-ochre, horizontal bands of brown mix the ground and the body of the figure. *P. C. (Large)* is the third portrait. Based on the same photograph, it is larger and structured like a landscape, denying mimesis. Wide vertical bands form a ground which seems to penetrate the figure, which has no outline and, typically of Plessen's recent manner,

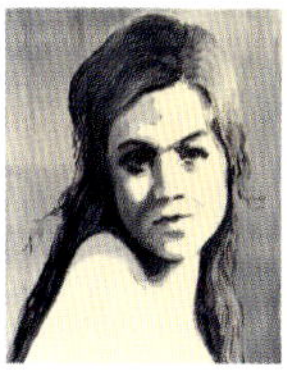

Augustine II
1999
50 x 40 cm

is constructed like an architectural element. The artist thus rounds off his enquiry with what is the finest painting, the one that reveals a sensation beyond the photograph.
Some of Plessen's paintings, such as the four *Nachtraum* pieces, display their link to photography as the support of the painting. But photographs are incapable of describing a sensation. That is why, despite of his attachment to photography, Plessen is the antithesis of a Gerhard Richter, the "photographer-painter." His work goes against the current of today's school of German painting and its fascination with the photographic image and flirtation with hyperrealism seen from Eberhardt Havekost to Tim Eitel. Plessen builds his work on a structured rejection of photography in favor of painting. Each painting seems to lead us closer and closer to this final rejection. At the same time, he is not so naive as to forget photography. He takes it on board the better to rid himself of it. What he wants to forget is the image that refers to something else, the image that inspired the whole Pop tradition, as well as photorealism and *nouvelle figuration*. At the end of the 1970s and in the 1980s, many painters wagered on the return of the image, putting this above painting. Witness Enzo Cucchi's words to Jean-François Chevrier in his "Hommage à Gerhard Richter"[7]: "Painting today is not indispensable. [...] I think that this term [painting] is not indispensable! I think the term doesn't mean anything. What is essential is the image." Plessen makes the opposite wager.

In this sense, his position is very different from the postmodern reaction that undermined the two-dimensional model of the pictorial by bringing about a return of figuration and meaning, and the creeping invasion of three-dimensional, narrative painting, as described by Jacques Rancière.[8] Nor has he gone in for the hypersubjective expressionism practised by, say, André Butzer and Jonathan Meese, or the abstraction of a Frank Nitsche, who paints over media images. No, Plessen is working in the original direction of painting as sensation, or what Isabelle Kacprzak calls "interior images."[9] These, to borrow Merleau-Ponty's word for the sensations corresponding to the subject's states and ways of being, are "real mental objects."[10] This phenomenological approach to painting made it possible to move beyond the idea of grieving for modernity, perpetuating a mode of painting that is certainly anti-mimetic, but in which the figure remains present. A painting that does not get caught up with the idea of the medium's autonomy, playing on a constant relation to photography. In the process that occurs in Plessen's paintings we find a kind of "alteration of resemblance," to use Jacques Rancière's words,[11] and not an alternation between the anti-figurative and unrepresentable..

The most noticeable characteristics of Plessen's paintings are their isolated figures and banal subjects—a car park, a woman smoking, a squeezed lemon. He refuses to either illustrate or tell a story. Following in Cézanne's footsteps, he pursues the project of painting as sensation. He paints his own particular way of feeling in relation to the car park, the woman smoking, the squeezed lemon: the car park in murky green, the woman against a candy pink ground, her profile merging into the smoke, and the drop from the crushed lemon falling onto a gray lump of sugar. To do this, Plessen has developed his own specific tools. First of all, there is the figure, which remains present throughout, even when hazy. Then there are the brushstrokes-broad, elongated brushstrokes forming parallel strips, like an extension of Cézanne's constructional brushstrokes. And, finally, color: the works produced over the last year are dominated by blues, browns and greens. Plessen's evolution has seen the gradual disappearance of drawing and contour, though these are still present in *Augustine* (1999) and *Die Nackte* (2000). From the outset, he rejected the illusion of depth and the illusionistic technique of perspective. As Merleau-Ponty says, depth is manifestly a property of perspective and not of things.[11] Plessen concentrates on the work of touch and color. What he retains from photography with his broad brushstrokes is a strong indexical quality, characteristic of the photographic sign.

Raumfigur and *Felicity*, both painted in 2002, mark a turning point. Here we see Plessen beginning to build up his figures using long, strip-like brushstrokes, creating a sensation of pictorial sedimentation. Indeed, his succinct description of the portrait of Felicity is: "Felicity, 146 brushstrokes." Drawing is evacuated. The subject now is the time of painting, the time of the gesture. The figure merges with its ground, a white ground that becomes flesh. Indeed, we may observe that there is no incarnate flesh, no flesh tone, in his portraits. The body is flat on the canvas. Plessen's work thus moves away from that "hystericisation" of painting through the exaltation of the surface/skin or body without organs, as described by Deleuze and Didi-Huberman. And although he has spent a considerable amount of time looking at paintings by Lucian Freud, who exalts the fleshiness of the body, Plessen rejects the body, the flesh, the cry. This fundamental hysteria that Deleuze sees in painting is something that Plessen avoids by inventing a "specifically pictorial cerebrality."[13] What, *in fine*, we see is not the woman but the painting, the sensation of the woman become painting.
In the paintings shown here, Plessen has worked towards a gradual fragmentation of vantage points. He has instituted a mobile gaze, which allows us to stay free of a "poor" and immediate image. The object seems to be perceived in a multiplicity of "profiles." In this regard, *7th Between 51st and 52nd Street/ 14:30 h* (2002) marks a turning point with the adoption of a large format, while constituting the first painting that we can visually penetrate. The artist has tried to paint the experience of entering into a time and space that are a mental projection. Like those that follow it, this painting offers a new experience, that of "physically" entering the sensation of this imaginary moment, of being able to share the painter's mental images.
This is also manifest in the four big paintings from 2003, *Treppe*, *Außen*, *Innen* and *Ohne Titel*. The figure has begun to lose prominence, while the constructive strips and the color remain. The juxtaposition of structured elements, which shatter any kind of perspective recalls a staircase or a pergola. In *Innen*, we seem to be looking up at a Romanesque vault, in a kind of persistent undecidability of the motif. The mobility of the gaze is exacerbated. In this large painting, the work is no longer an architecture, more the construction of a reality in its own right. What Plessen ultimately makes visible and sayable in his painting are, as we have seen, his "inner images." He paints what is in his mind, the flux of

his sensations and inner events, his memories, his sensation of time. He tries to retranscribe a flash of light, a backlit figure, half-light in a car park. The most apt comparisons would not, therefore, be with other painters but with writers who strove to describe the stream of consciousness – James Joyce, say, or Fernando Pessoa for the melancholy and disquietude.

"Zu den Sachen selbst" – to the things themselves, said Edmund Husserl. And that is precisely where Plessen goes in his painting. He takes us back to things themselves; to the roots of the phenomena of space, of time of duration, and of things, and tries to elucidate them. In this sense he is a "phenomenological" painter.
At the same time, there remains the initial sensation that "something's missing." Something of the sensation experienced in front of the pergola and chair, something of what was felt when seeing the blonde lying on the couch, something that cannot be made sayable or visible. Plessen also paints the failure to capture the world, for no thought can capture itself. No face can see itself, a point he makes in his face-less self-portraits (*Selbstporträt I-IV*). "Ipseity is, of course, never reached"; "What constitutes the reality of the thing is precisely that which eludes our possession."[14] And that is what Magnus von Plessen paints: what is there, and what escapes us.

Notes

1. Gilles Deleuze, *Francis Bacon: the Logic of Sensation*, (Minneapolis: University of Minnesota Press, 2003).

2. Georges Didi-Huberman, *La peinture incarnée* followed by "Le Chef-d'œuvre inconnu" by Honoré de Balzac, (Paris: Les Editions de Minuit, 1985).

3. Gilles Deleuze, *op. cit.*

4. Georges Didi-Huberman, *op. cit.*, p. 30.

5. Georges Didi-Huberman, *Invention of Hysteria*, (Cambridge, Mass: MIT Press, 2003).

6. Gilles Deleuze, *op. cit.*

7. Jean-François Chevrier, in catalogue *L'époque, la mode, la morale, la passion*, Pompidou Centre, 1987, p. 61-69.

8. Jacques Rancière, *Le partage du sensible*, p. 42.

9. Isabelle Kacprzak, quoted by Magnus Von Plessen in *Magnus von Plessen, Malerei*, K21 Kunstsammlung Nordrhein Westfalen, Düsseldorf, p. 72.

10. Merleau-Ponty, *Phenomenology of Perception*, (London: RKP, 1962).

11. Jacques Rancière, *Le destin des images*, (La Fabrique Editions, 2003), p. 20.

12. Merleau-Ponty, *op. cit.*

13. Gilles Deleuze, *op. cit.*

14. Merleau-Ponty, *op. cit.*

sélection 2003-2004

Doppelportrait
2003
140 x 105 cm

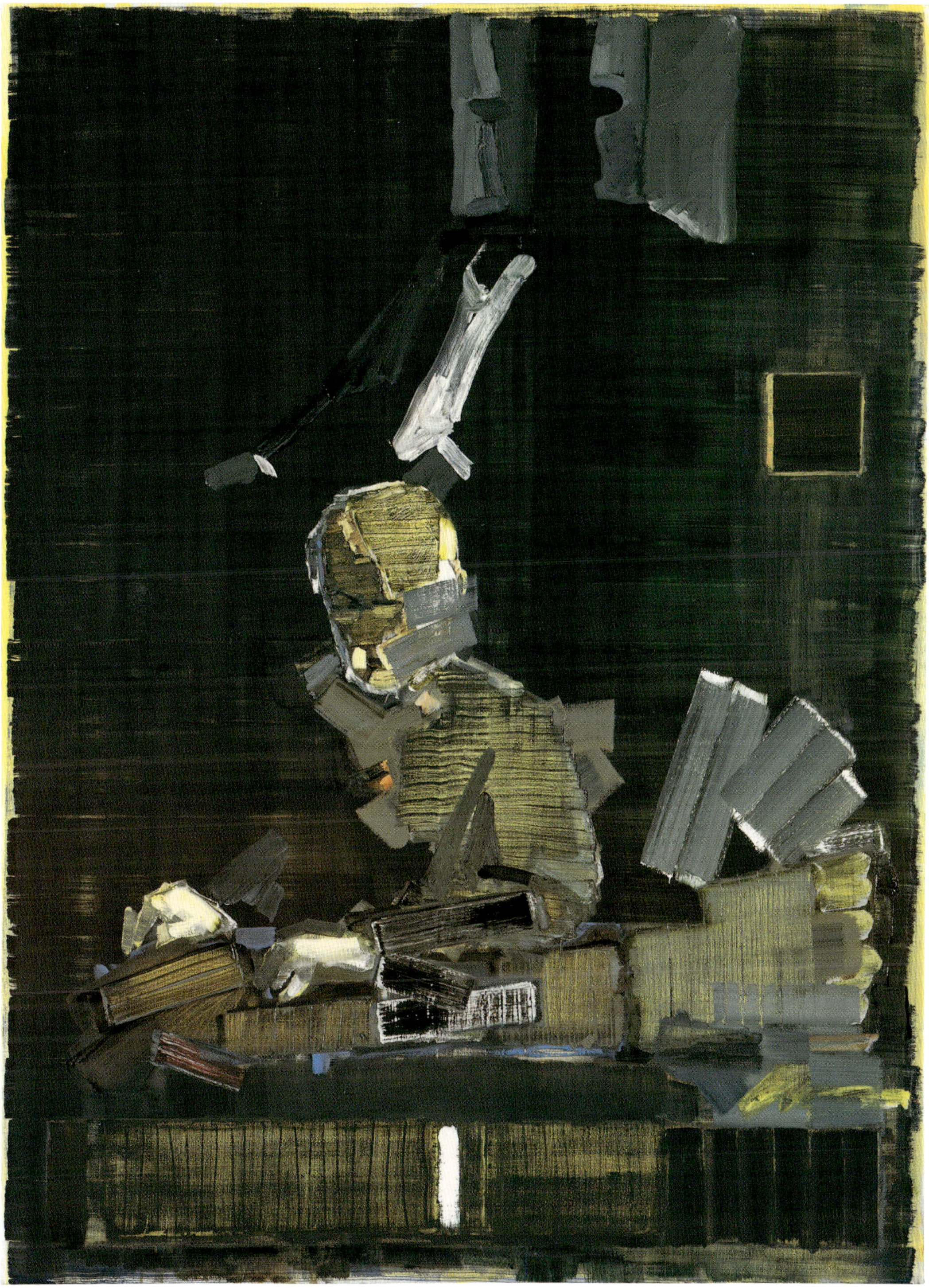

Treppe
2003
280 x 173 cm

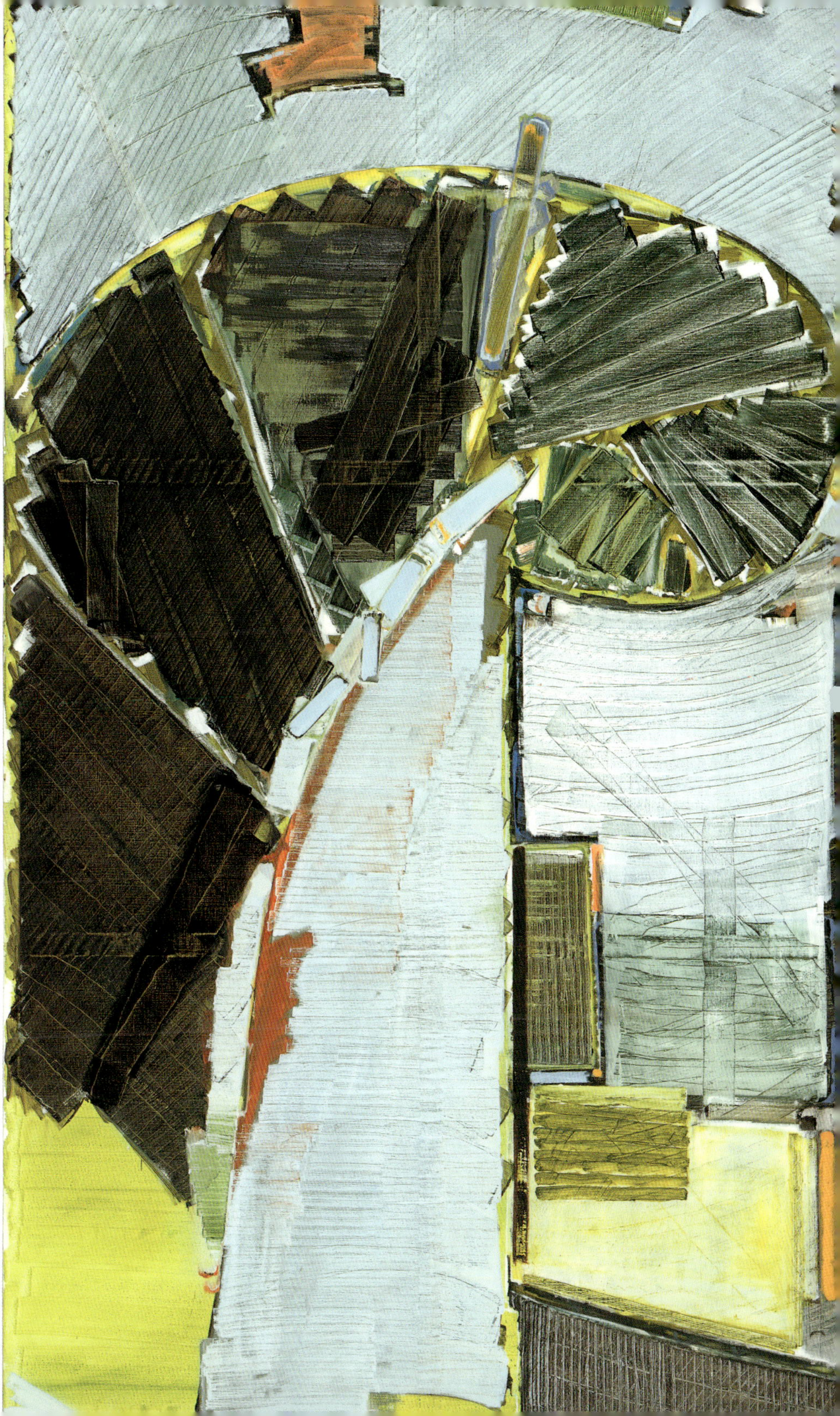

Dachbochen
2003
125 x 100 cm

PAGE 24
Ohne Titel
2003
150 x 100 cm

PAGE 25
Mann mit Pyjama
2003
96 x 78 cm

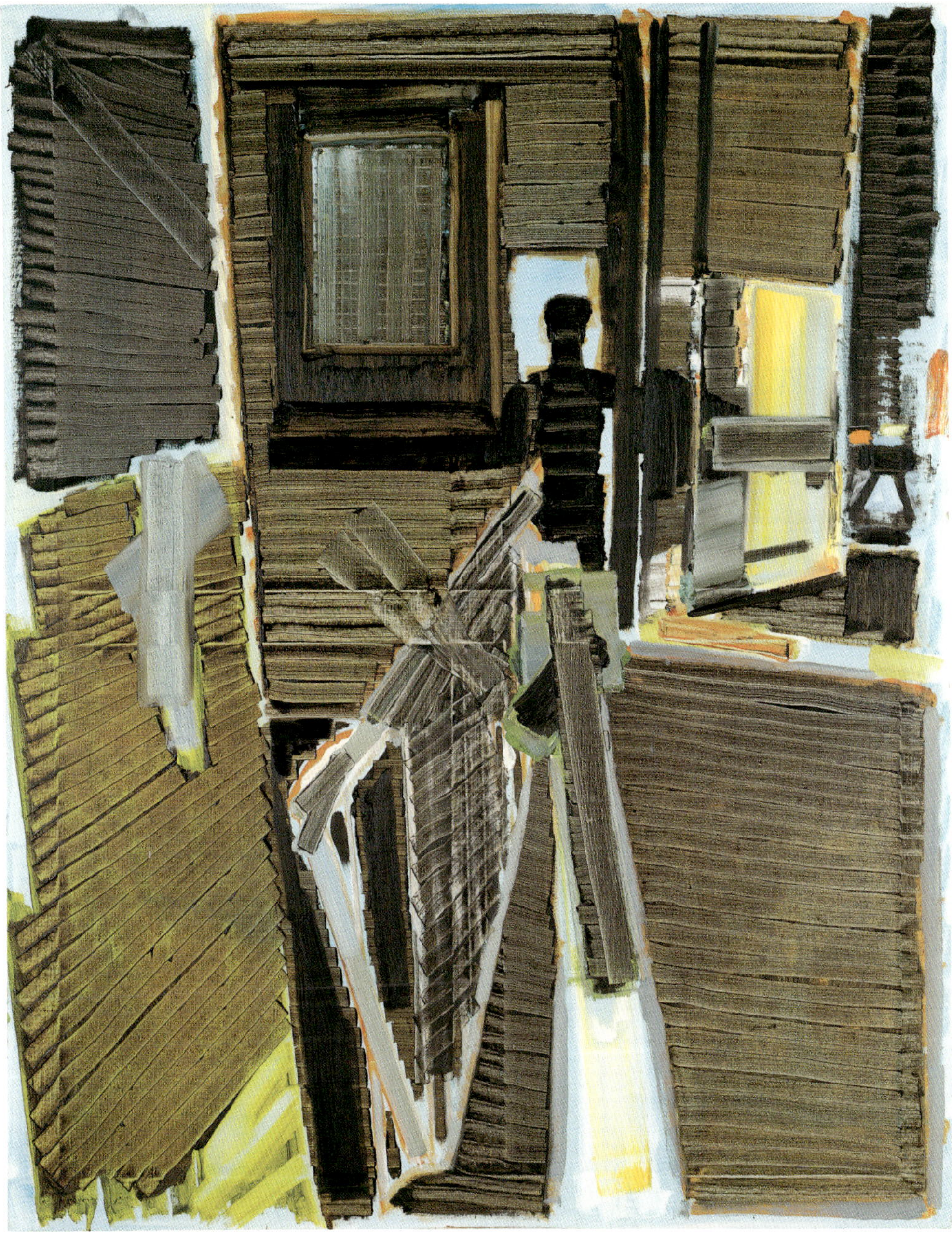

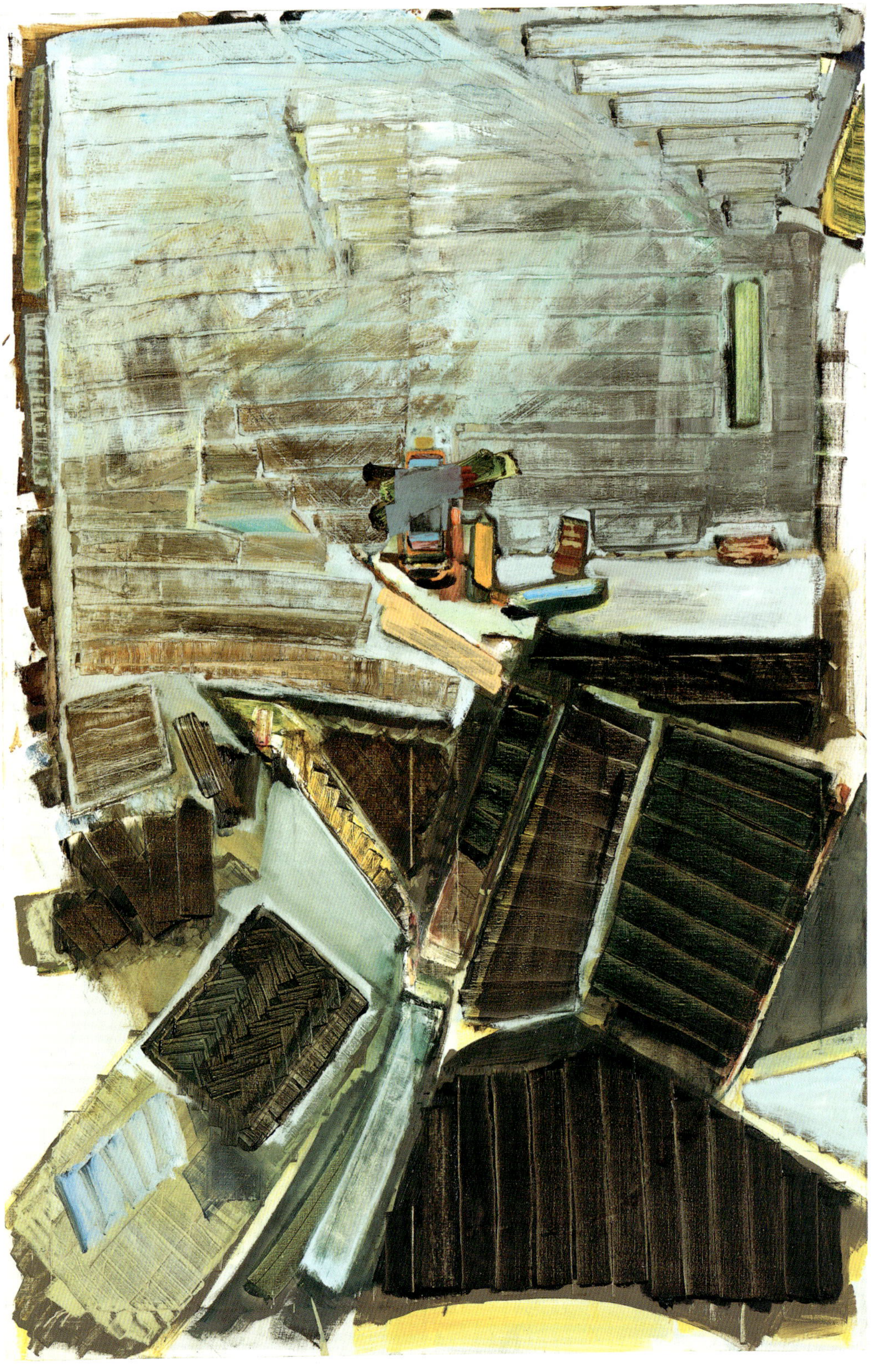

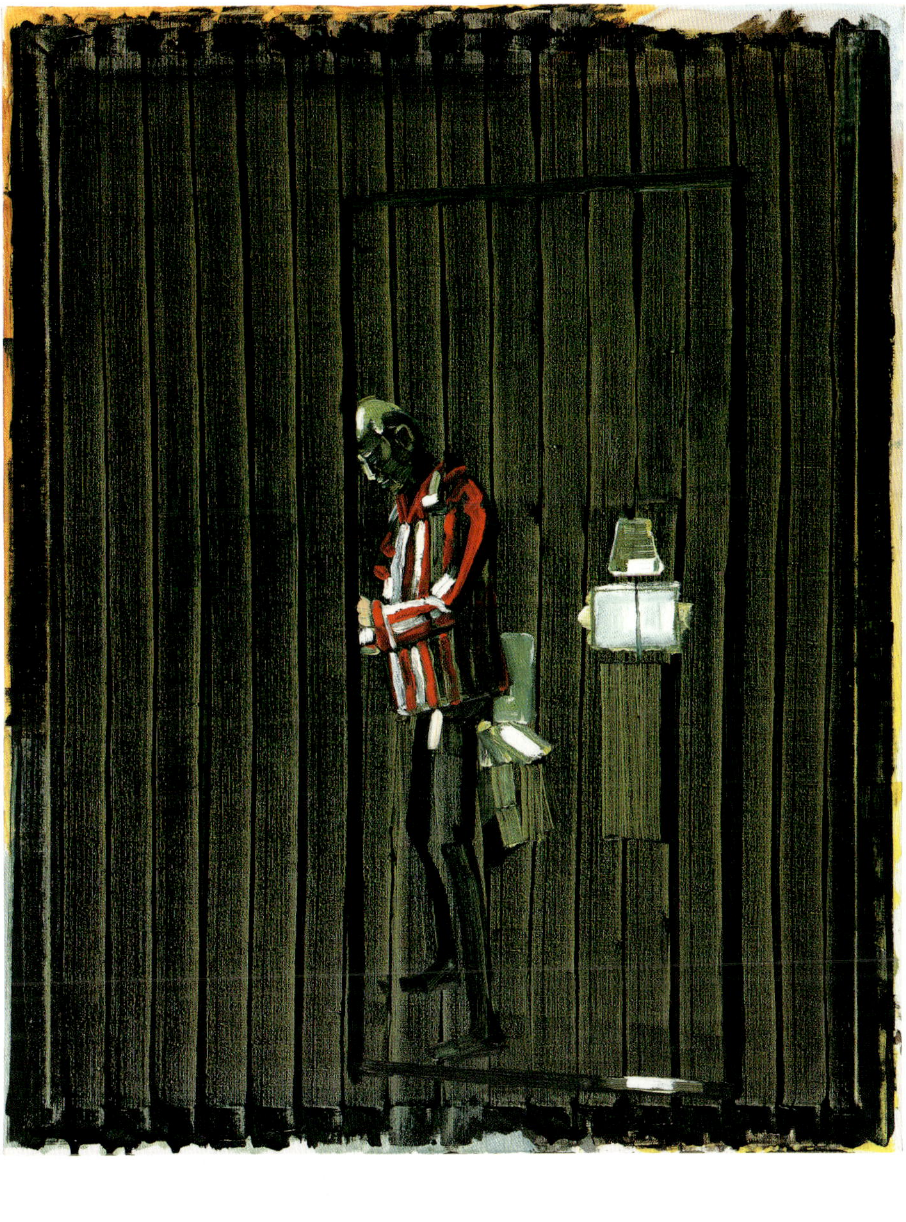

Außen
2003
173 x 280 cm

Liegende
2003
65 x 95 cm

PAGE 32
P. C. (klein)
2004
55 x 46,5 cm

PAGE 33
P. C. (groß)
2004
138 x 116,5 cm

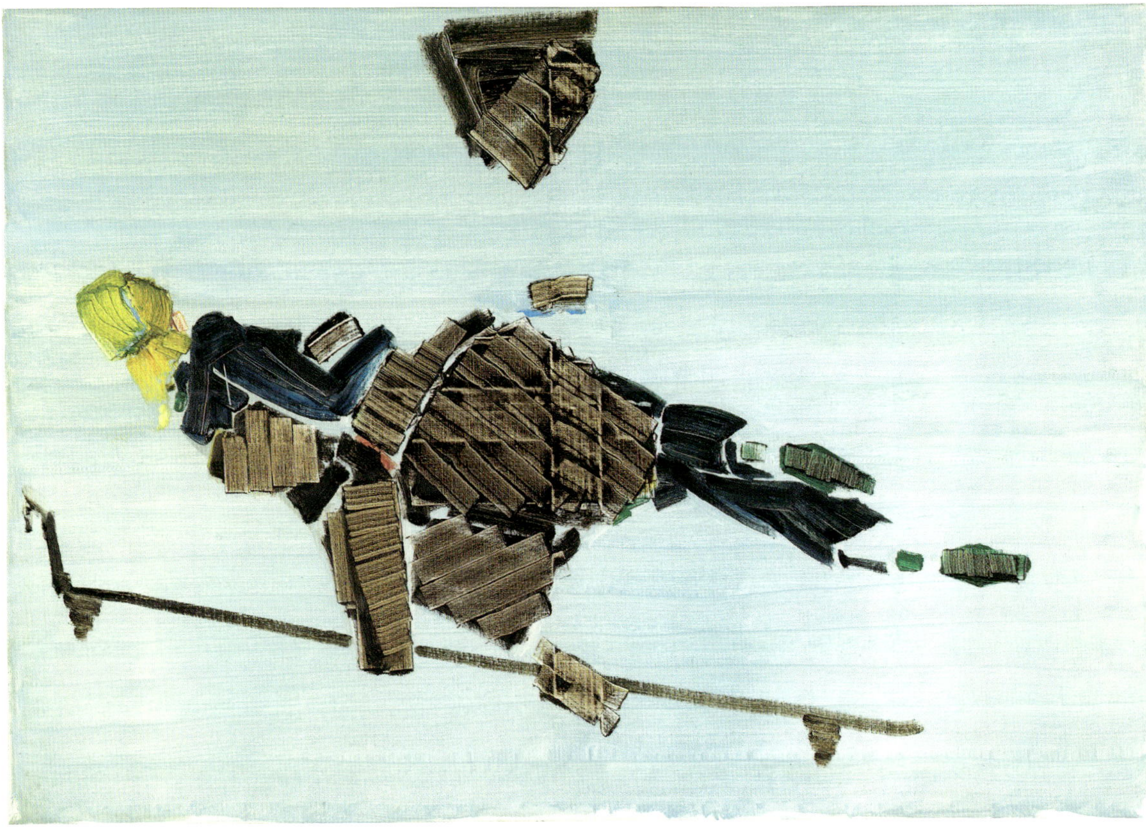

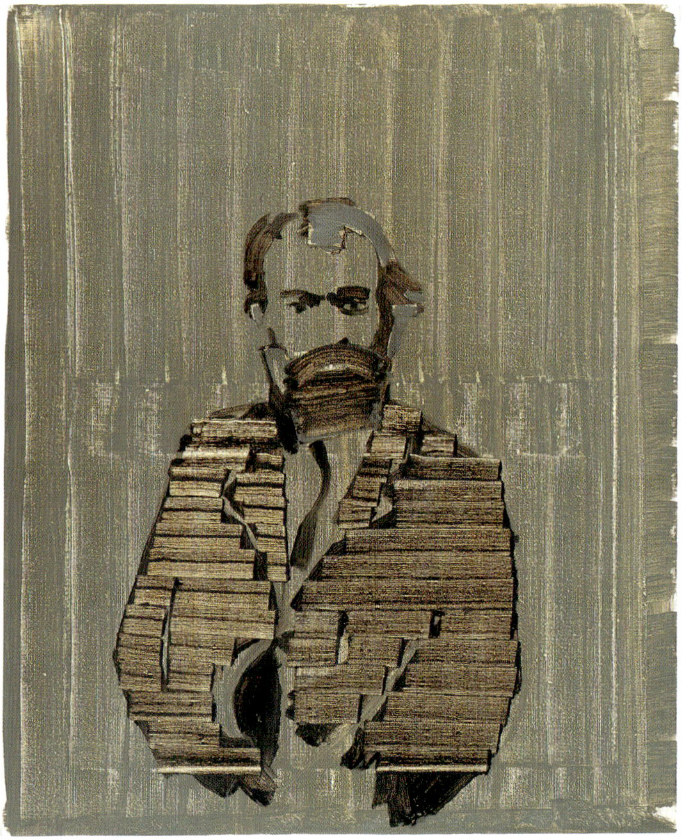

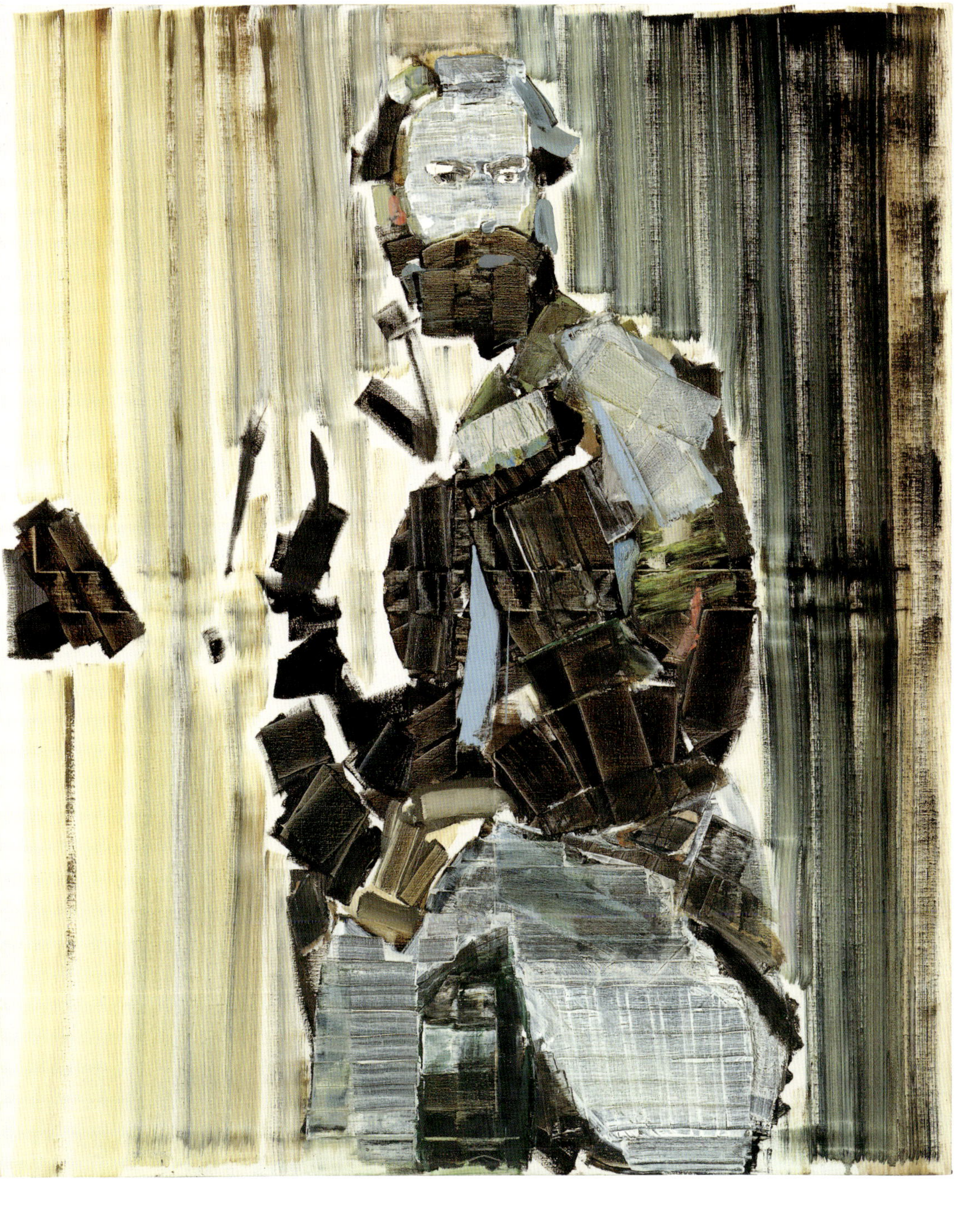

Ohne Titel
2004
165 x 105 cm

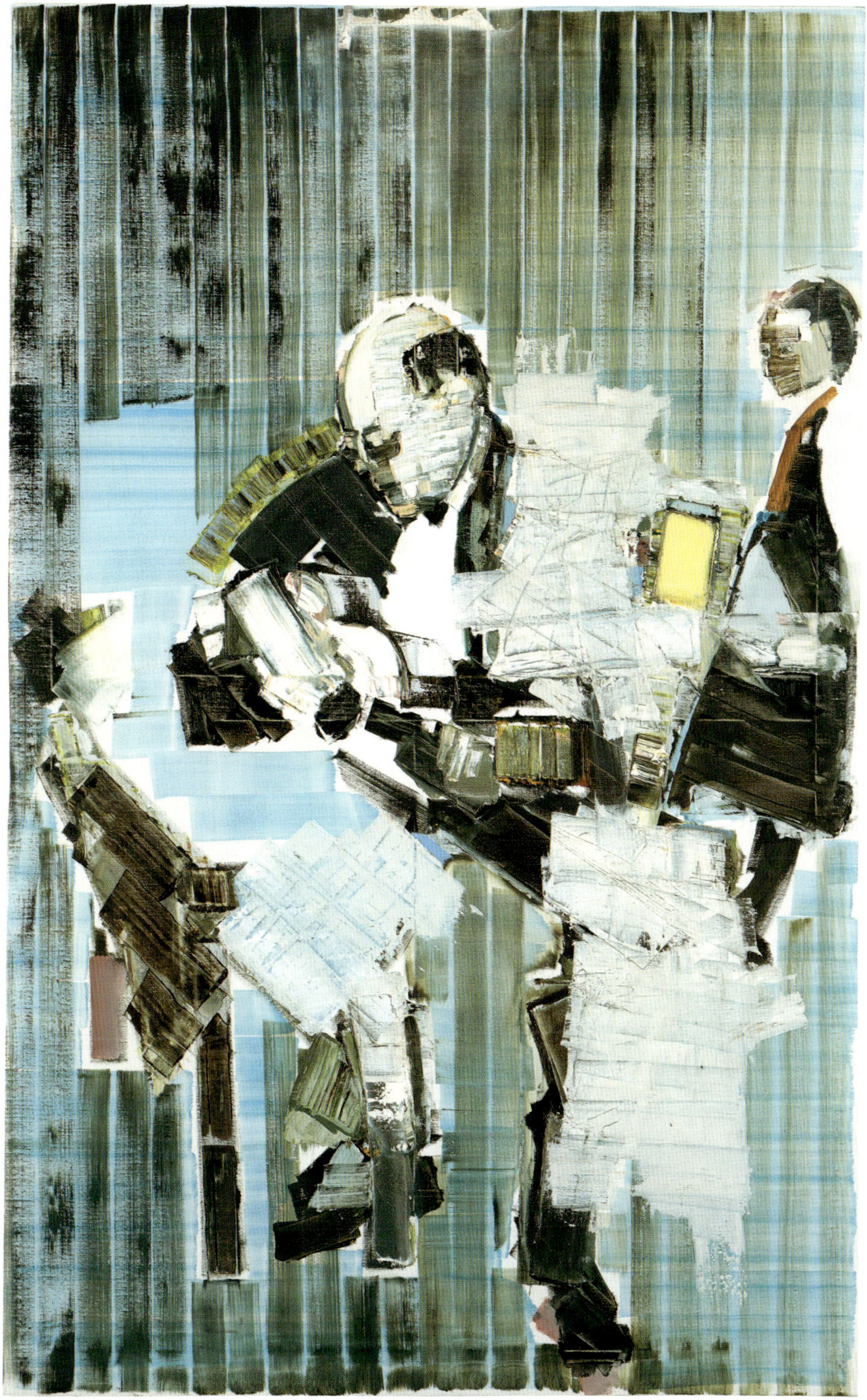

Innen
2003
173 x 280 cm

People and Things

Pontus Hulten

The work of Magnus von Plessen has a surprising purity. The subjects that it represents are very clear and simple. It is a world of direct, intense relations.

What is remarkable in the work of Magnus von Plessen is that everything seems authentic. There is something very personal in this ideal world that is uniquely his, in these images that seem to have their origin in a great purity. They do not attack us, they are there, before our eyes: they exude an astonishing serenity. At the same time, they demand to be read, the image itself being relatively secret.

In a world of anxieties, Magnus von Plessen presents a world without tension, without anxiety.

What we find in Magnus von Plessen is the mystery of simplicity. Constantin Brancusi set the example here. Obviously, this clarity is even more impenetrable in figurative painting, and no doubt harder to obtain.

The secret of a work of art comes from the attraction it exerts. It is difficult to grasp its depth. As we know, there is no solution because there is no problem.

In a great work of art, there is only the pleasure of looking at and approaching it.

Gens et choses

Pontus Hulten

L'œuvre de Magnus von Plessen est d'une pureté surprenante. Les sujets qu'elle représente sont très clairs et simples. C'est un univers de relations directes et intenses.

Ce qui est remarquable dans l'œuvre de Magnus von Plessen, c'est que tout paraît authentique. Il y a quelque chose de très personnel n'appartenant qu'à lui, dans ce monde idéal, dans ces images qui semblent avoir comme origine une grande pureté. Elles ne nous attaquent pas, elles sont là devant nos yeux : elles dégagent une étonnante sérénité. En même temps, elles demandent à être lues, l'image étant relativement secrète.

Dans un monde d'angoisses, Magnus von Plessen, lui, présente un monde sans tension, sans angoisse.

Ce que l'on rencontre chez Magnus von Plessen, c'est le mystère de la simplicité. Constantin Brancusi en a bien donné l'exemple. Évidemment, cette clarté est encore plus impénétrable dans une peinture figurative et, sans doute, plus difficile à obtenir.

Le secret d'une œuvre d'art provient de l'attraction qu'elle exerce. Il est difficile d'en saisir la profondeur. Comme nous le savons, il n'y a pas de solution car il n'y a pas de problème.

Dans une grande œuvre d'art, il n'y a que le plaisir de la regarder et de s'en rapprocher.

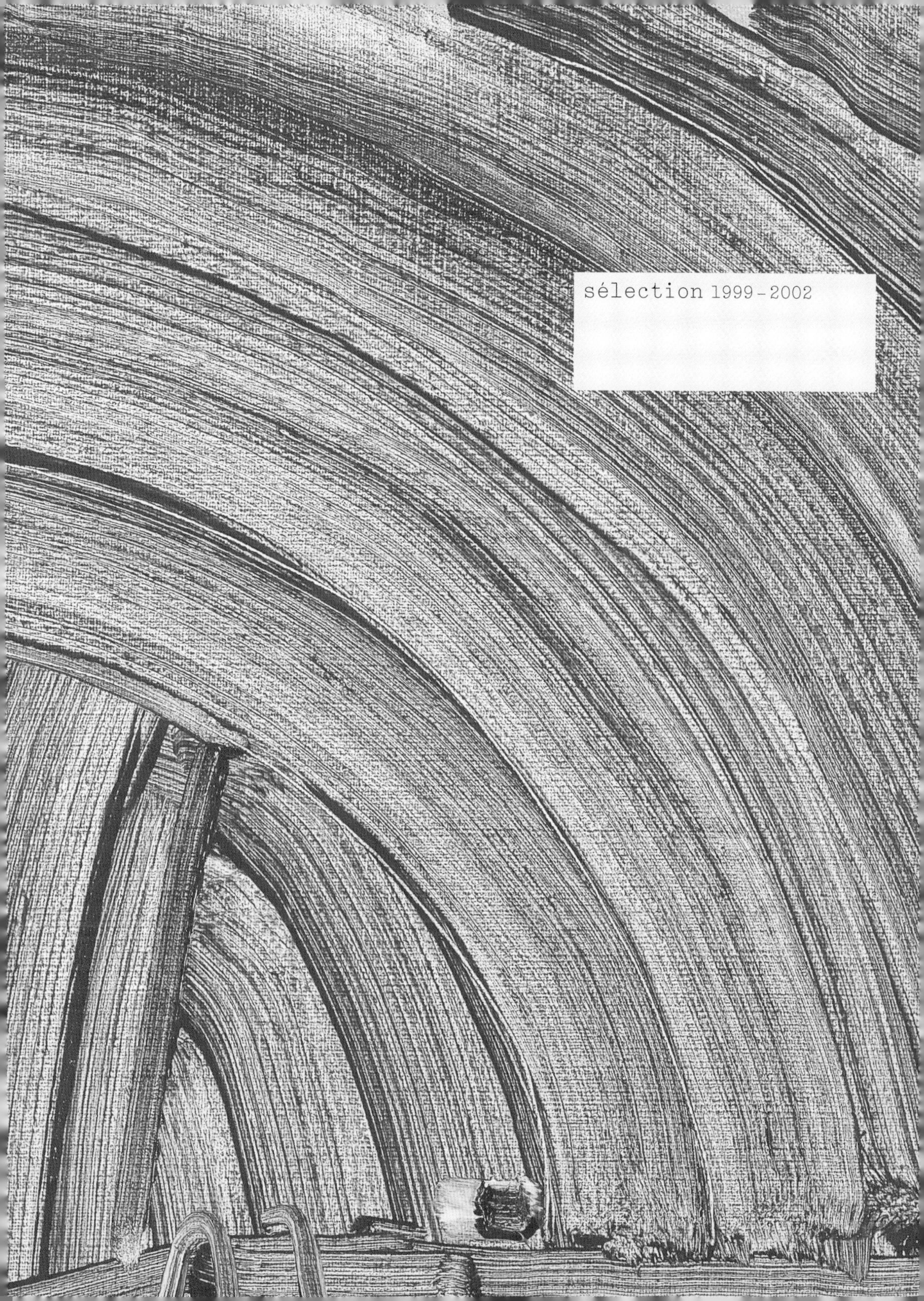

sélection 1999-2002

Bett / Fenster
2002
54 x 64 cm

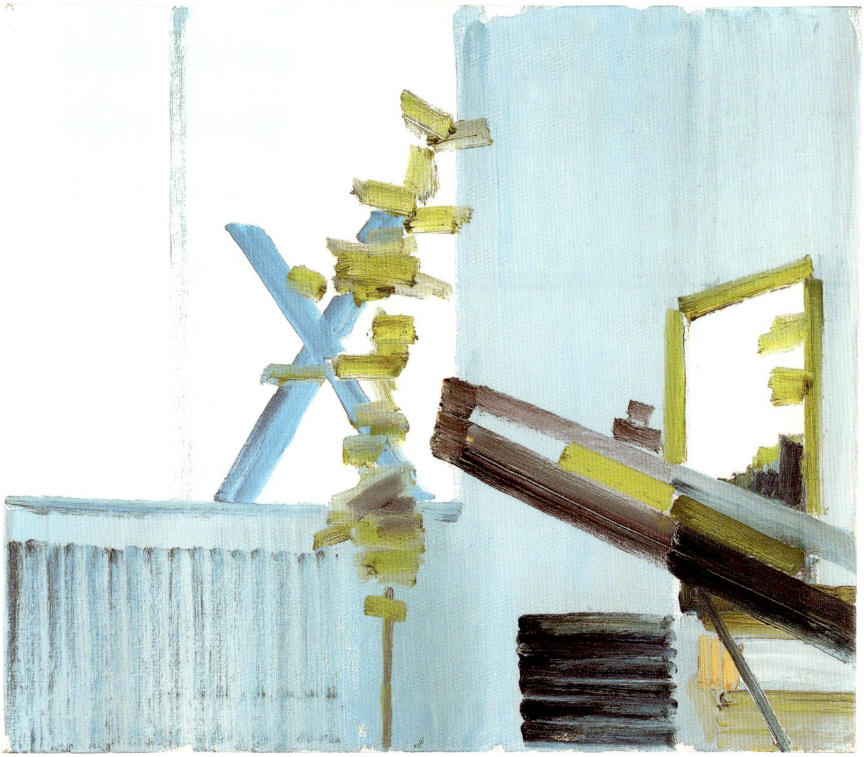

Raumfigur
2002
60 x 50 cm

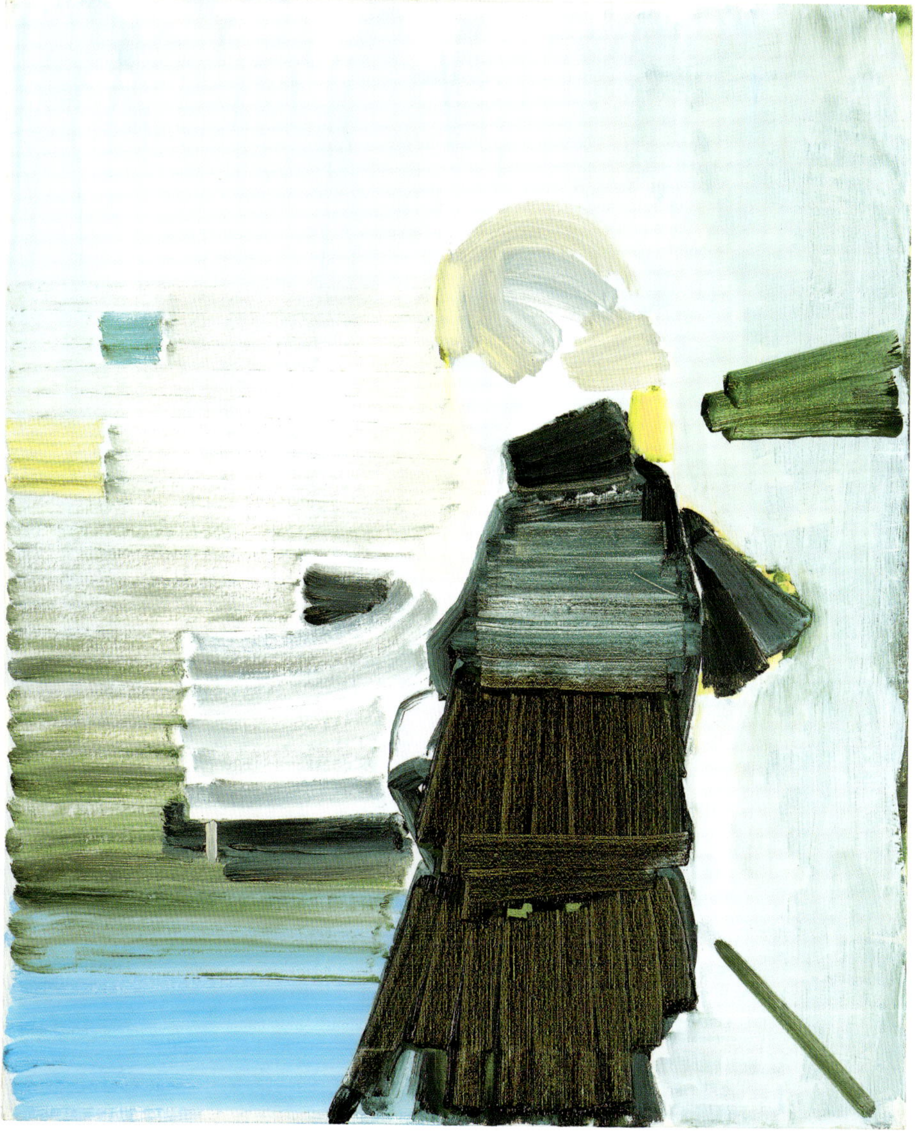

Raum
2002
62 x 75 cm

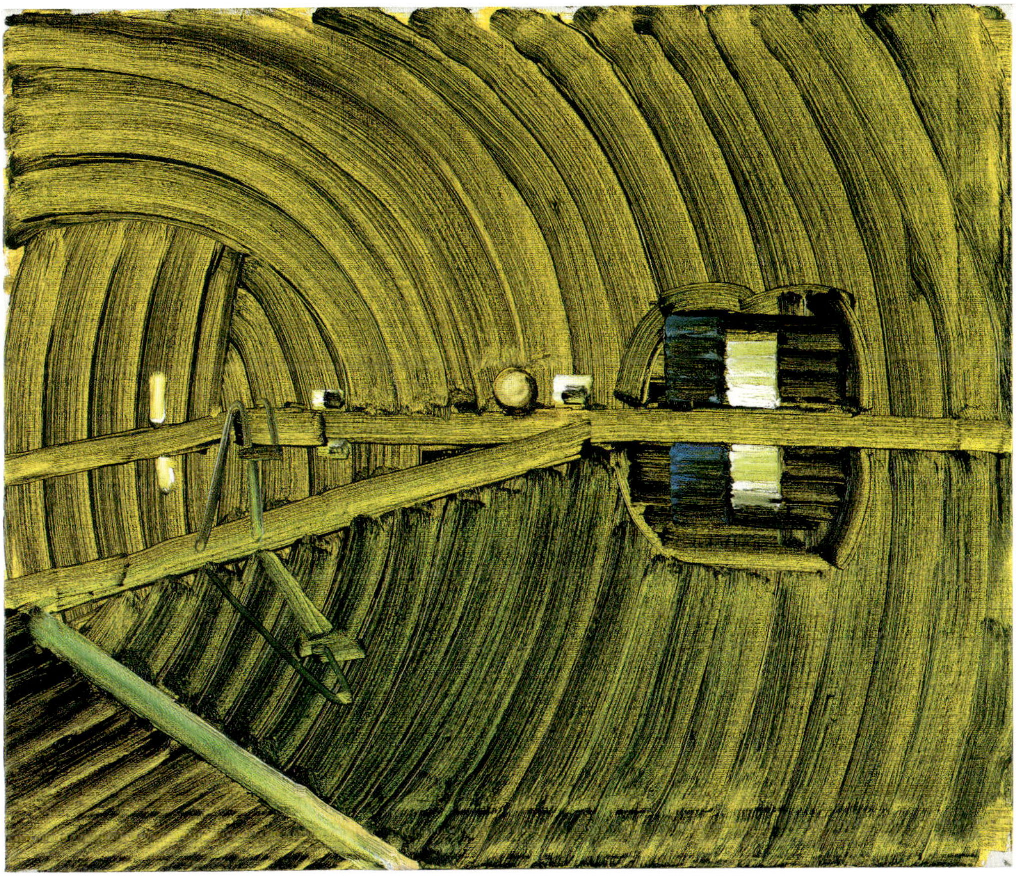

7th Between 51st and 52nd Street, 14:30 h

170 x 260 cm

Nachtraum I
1999
50 x 40 cm

PAGE 56
Felicity
2002
68 x 52 cm

PAGE 57
Nachtraum II
1999
60 x 40 cm

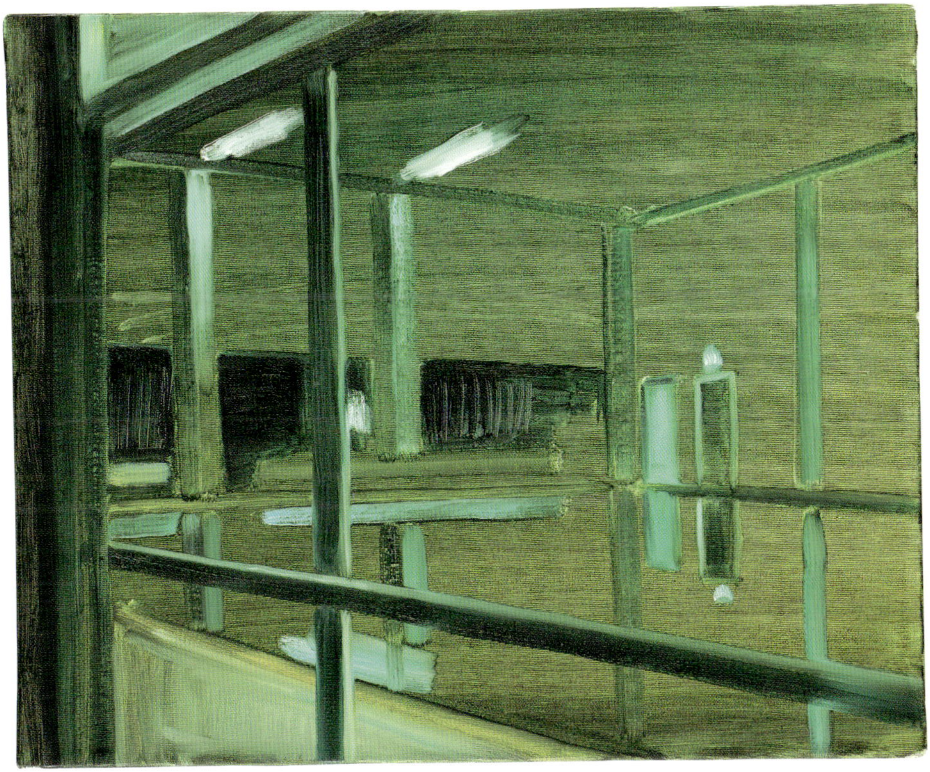

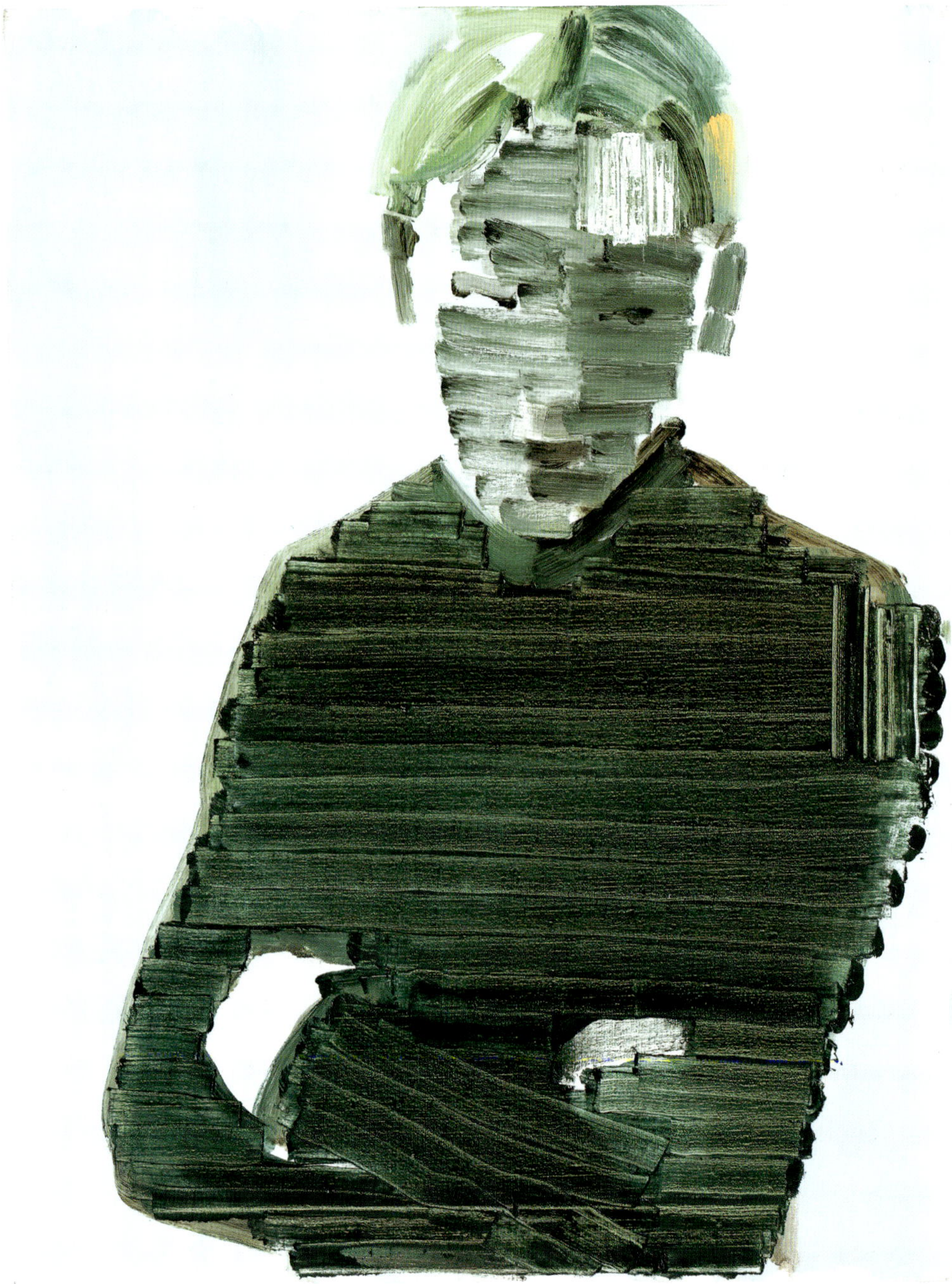

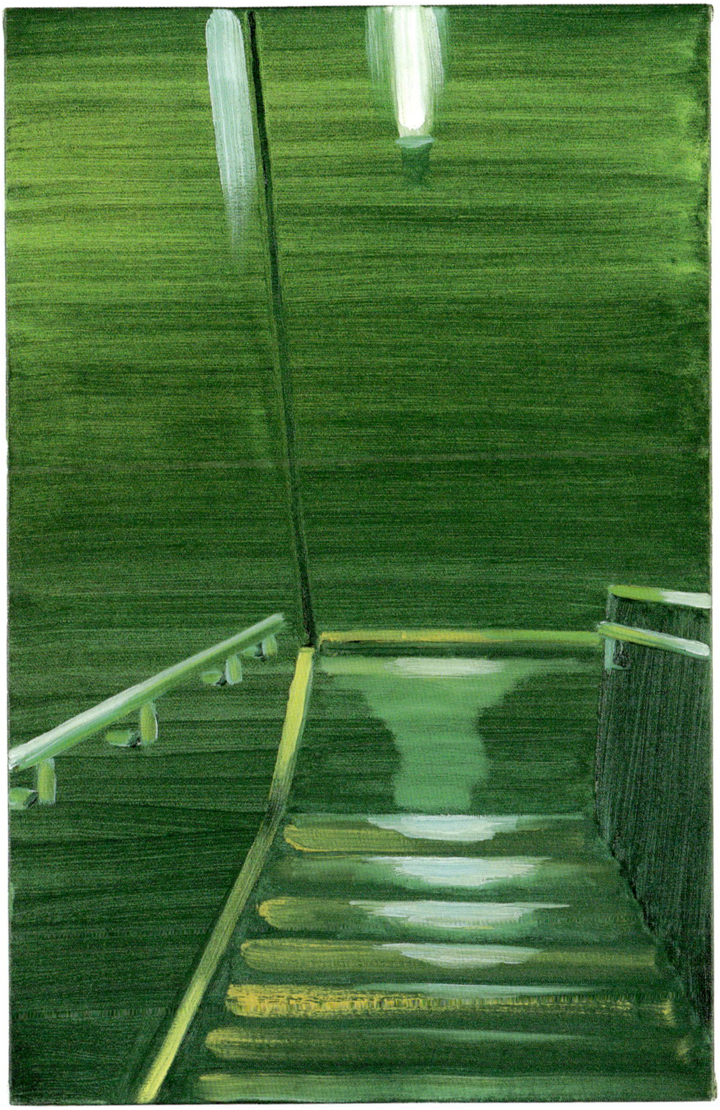

Sviatoslav Richter
2002
69 x 97 cm

PAGE 60
Lena
2000
30 x 39 cm

PAGE 61
Selbstporträt II
2001
30 x 39 cm

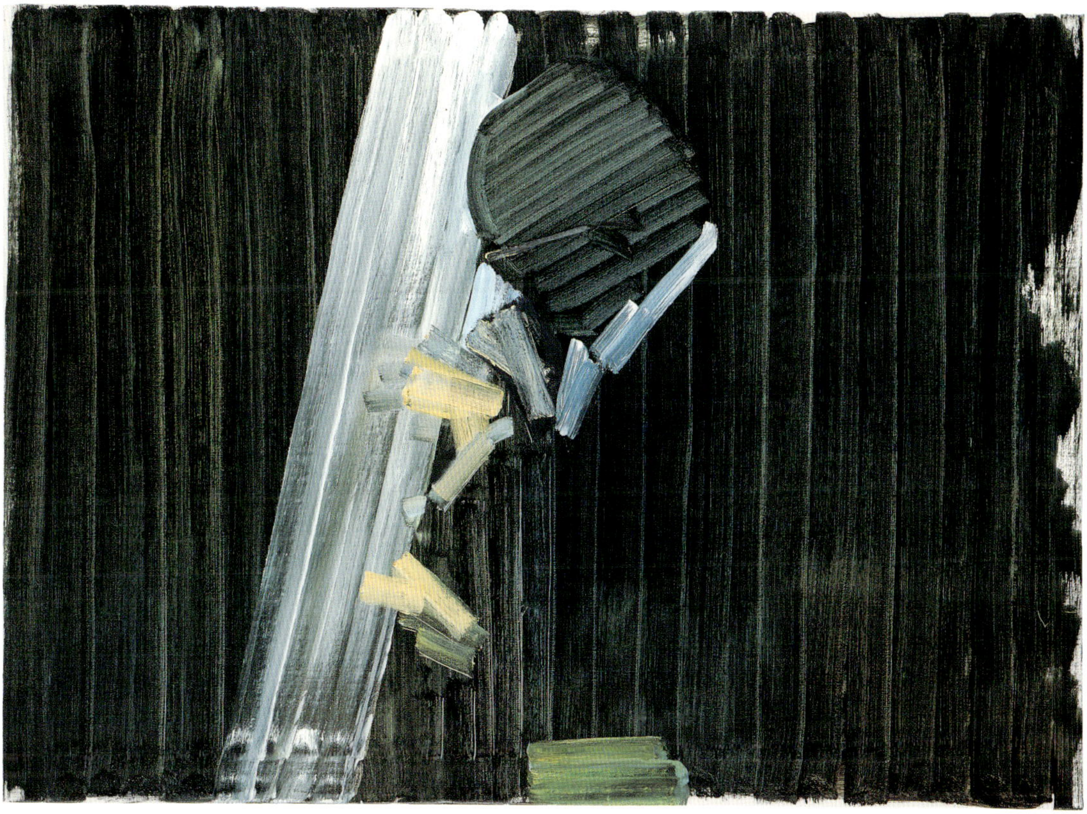

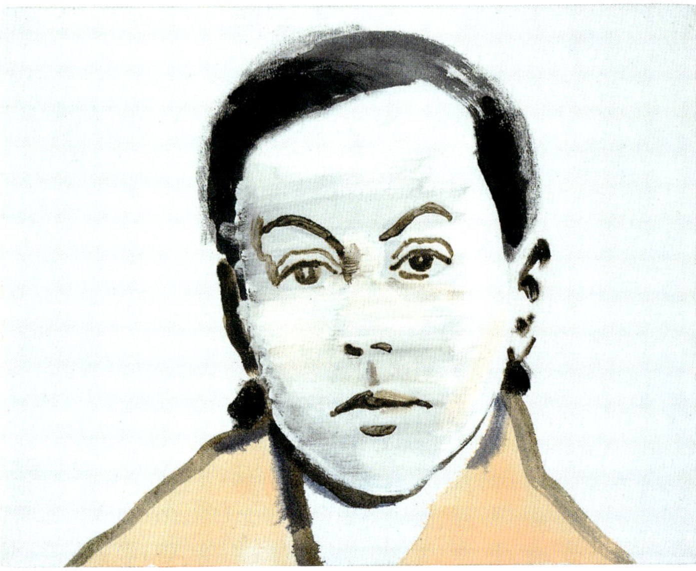

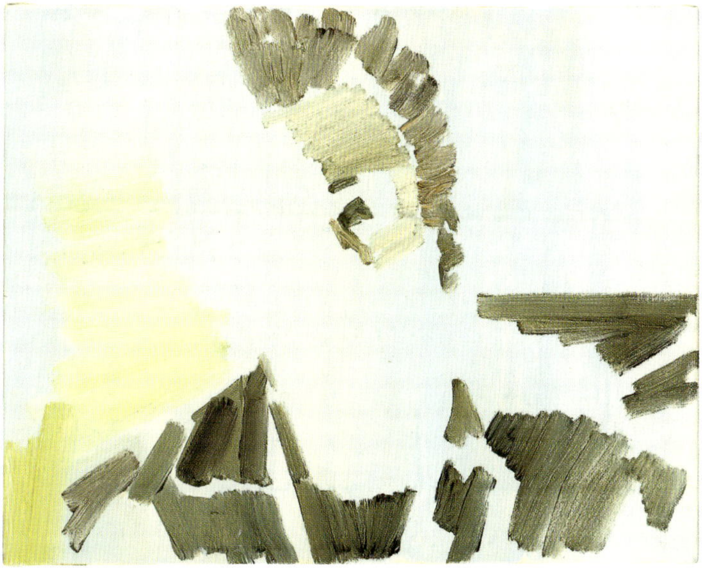

Tropfen
2000
53 x 31 cm

PAGE 64
Ohne Titel
2000
60 x 50 cm

PAGE 65
Spiegel
2001
70 x 50 cm

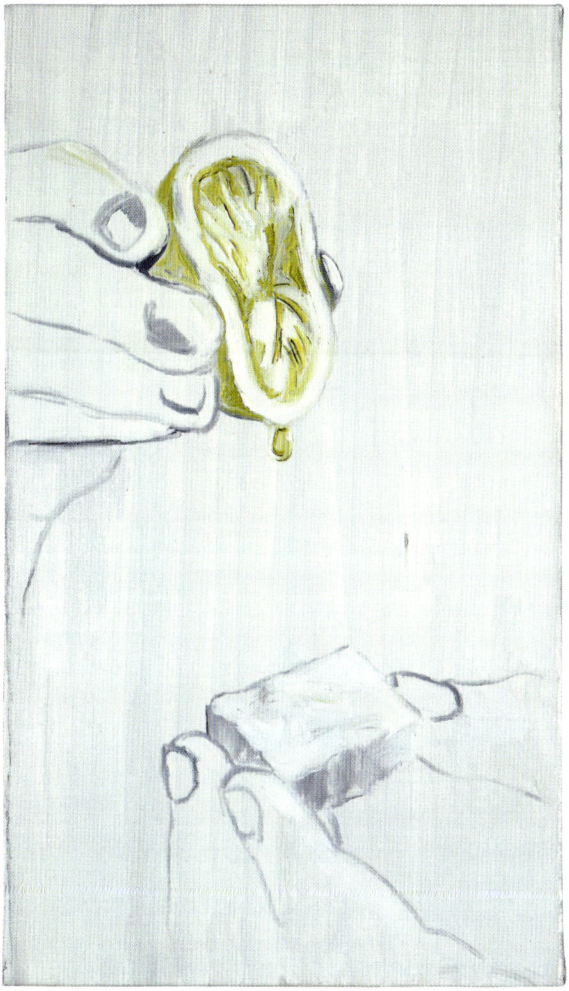

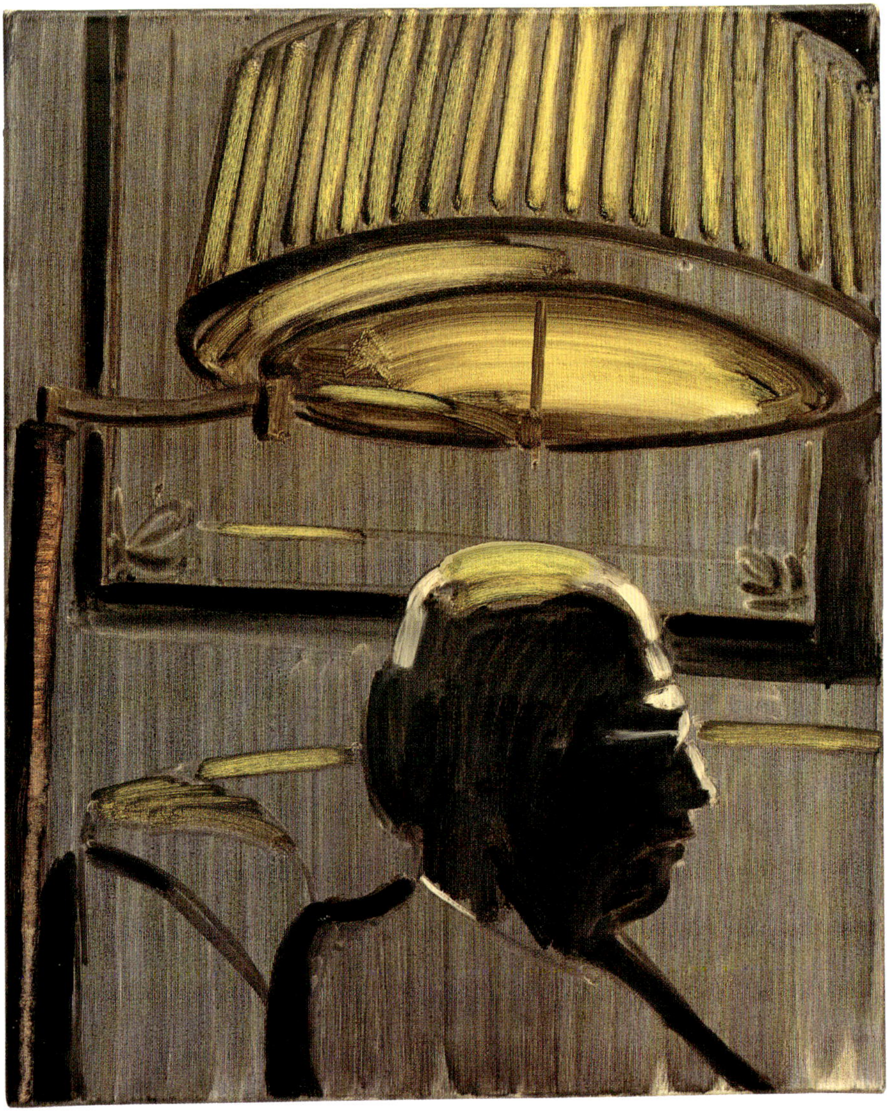

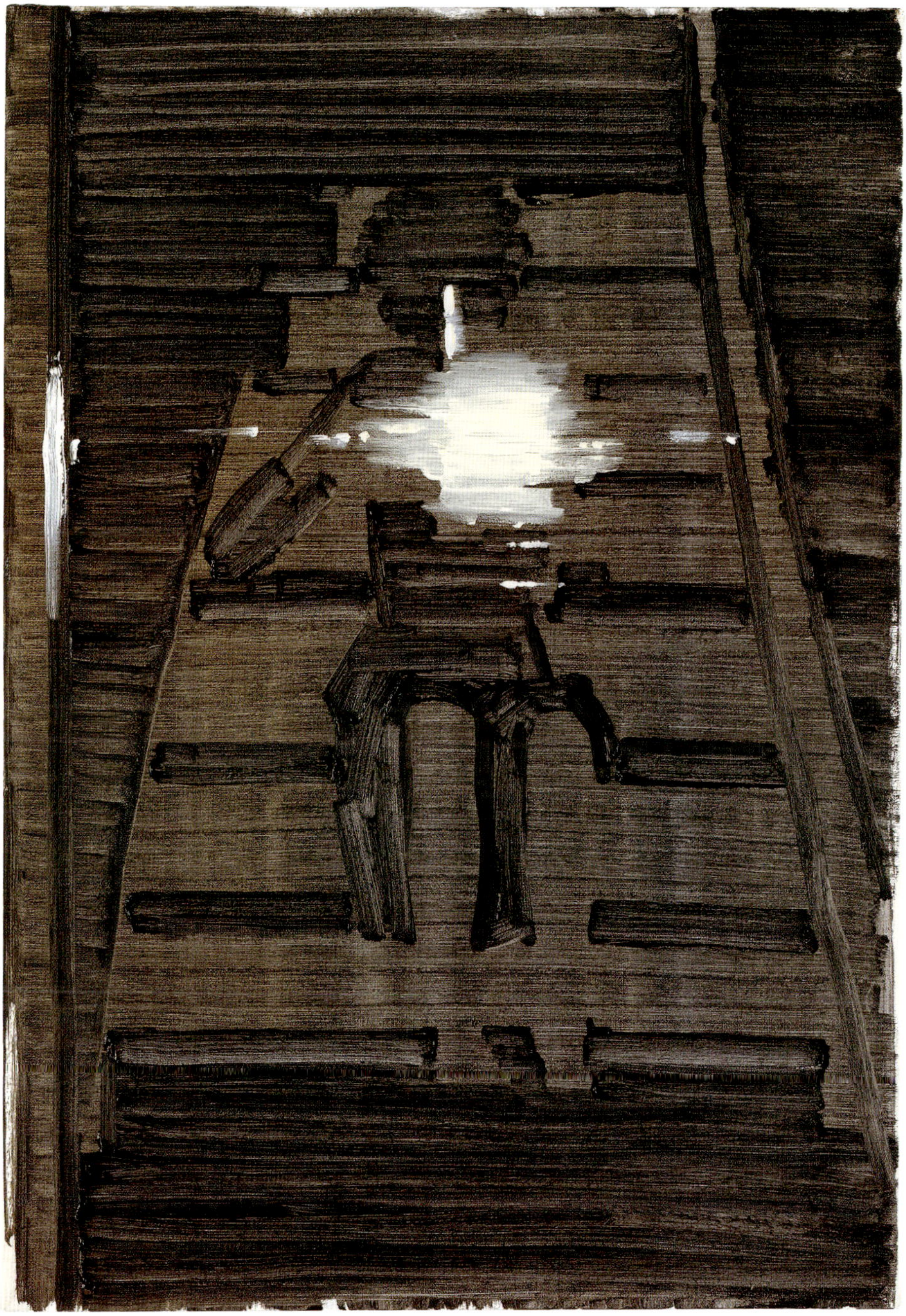

Im Gegenlicht
1999
50 x 40 cm

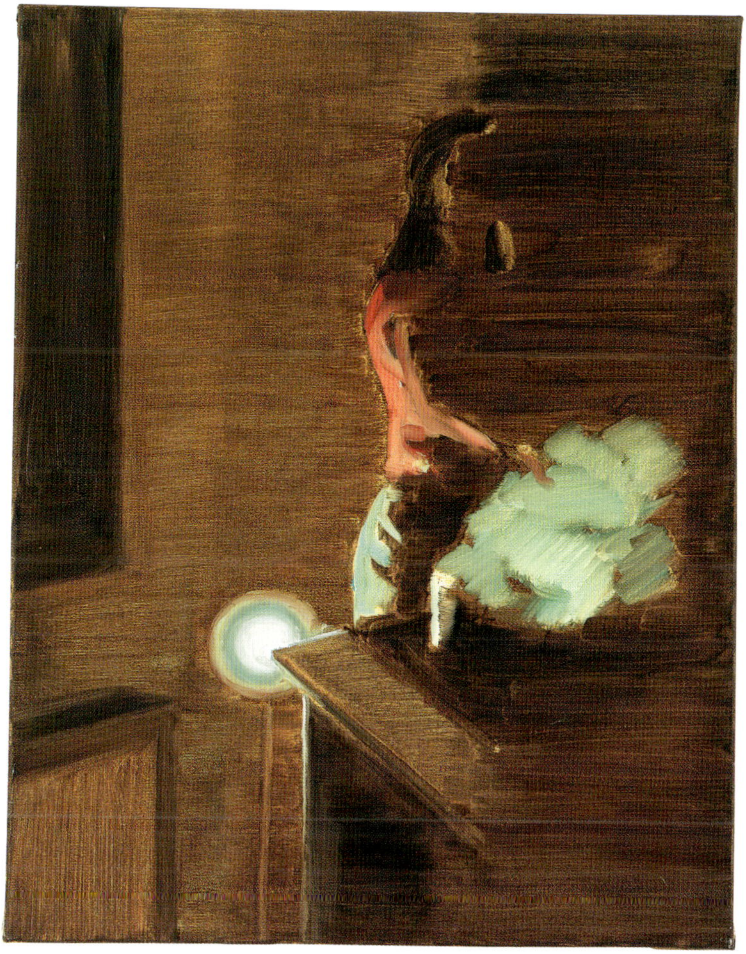

Fernsehbild
2000
40 x 60 cm

PAGE 70
Ohne Titel
2001
36 x 50 cm

PAGE 71
Ohne Titel
2000
50 x 60 cm

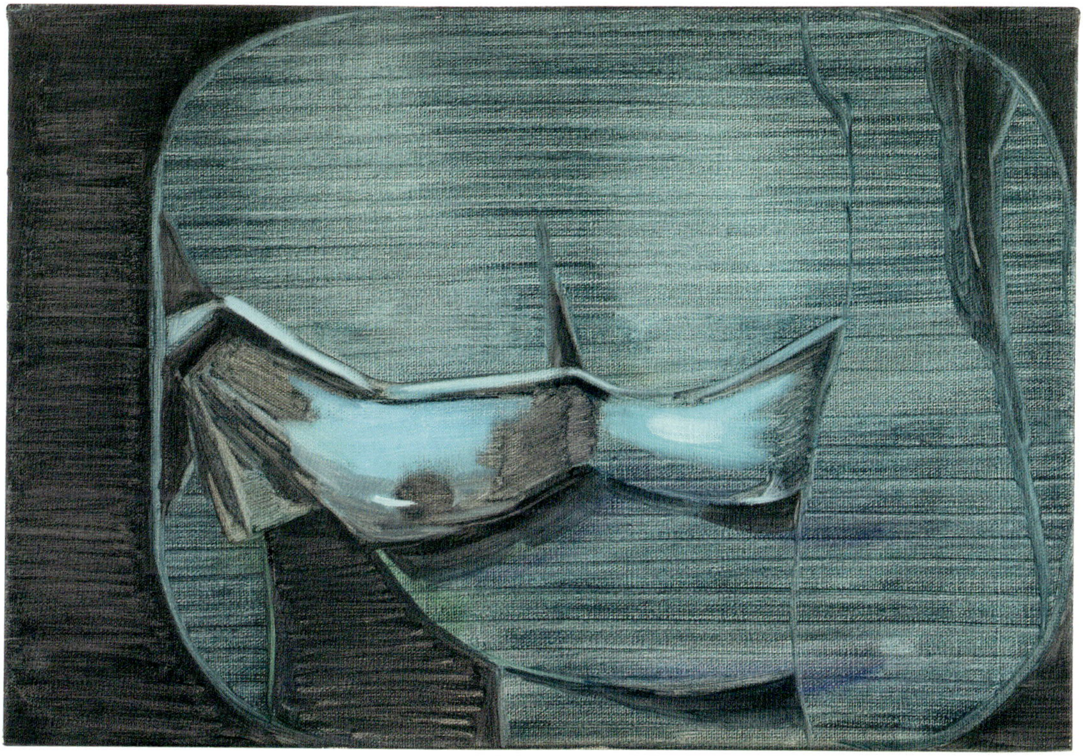

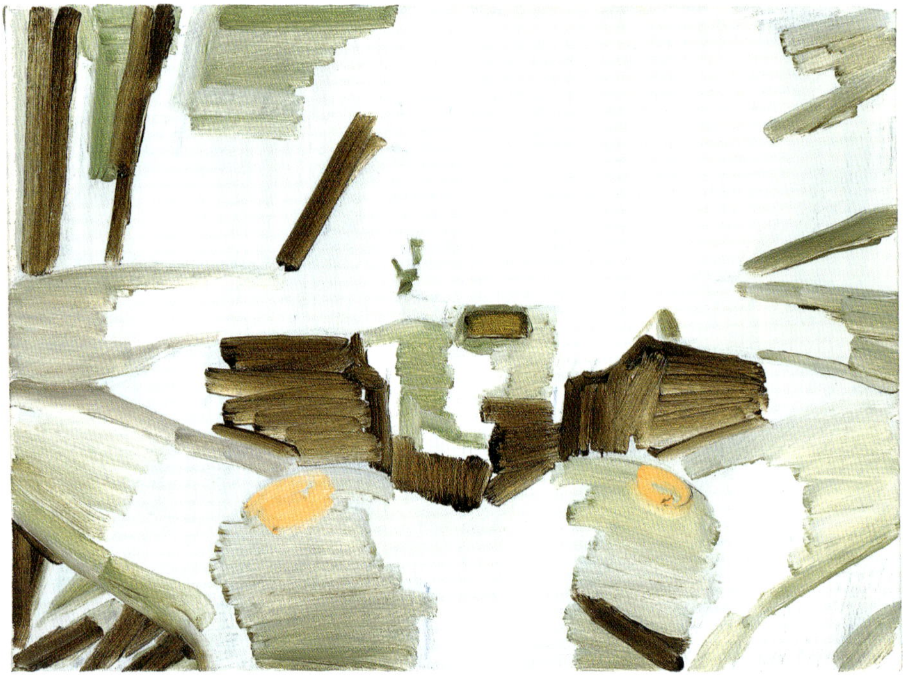

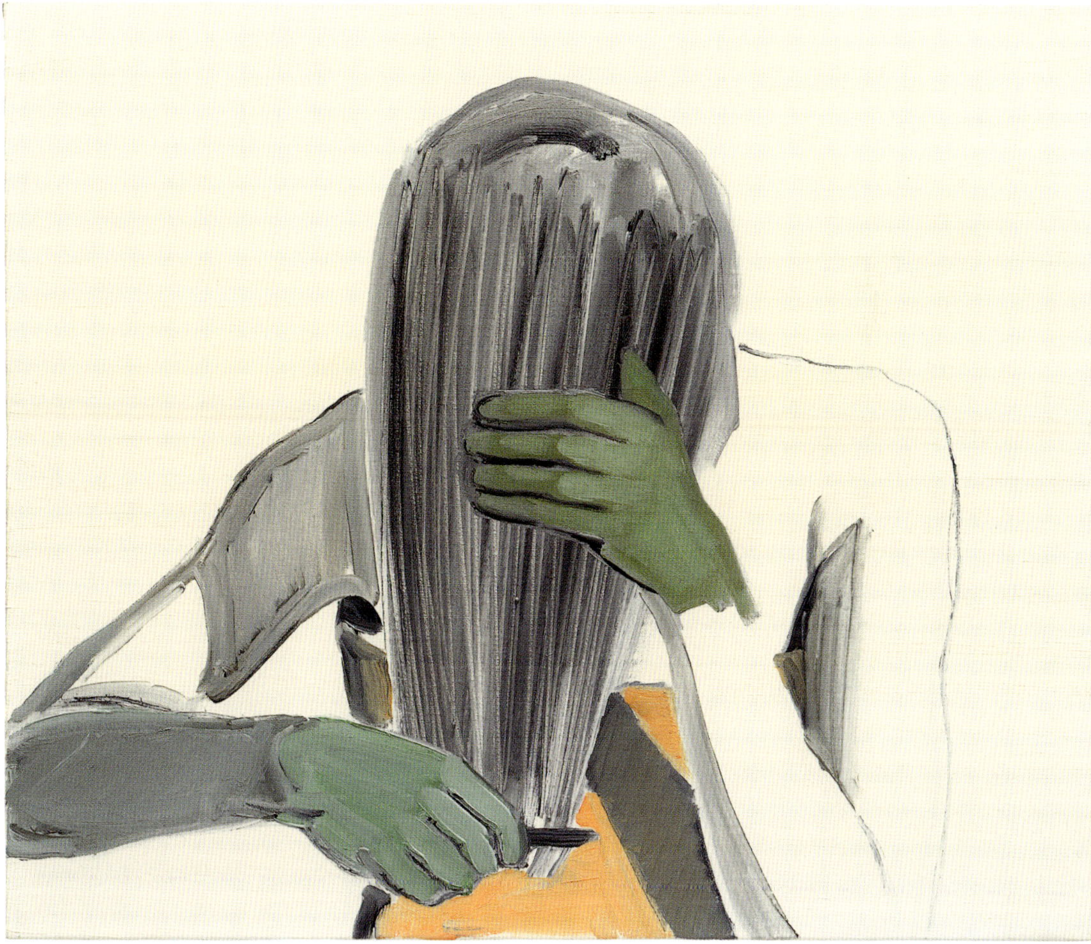

pages 6, 12
***Augustine*, 1999**
Huile sur toile (ramie)/
Oil on canvas (nessel)
30 x 40 cm
Collection particulière, Munich/Private collection, Münich
Courtesy Isabella Kacprzak, Berlin

pages 7, 13
***Augustine II*, 1999**
Huile sur toile/Oil on canvas
50 x 40 cm
Flick Collection

page 19
***Doppelportrait*, 2003**
(Portrait double/ Double Portrait)
Huile sur toile/Oil on canvas
140 x 105 cm
Collection particulière, Paris/Private collection, Paris
Courtesy Mai 36 Galerie, Zürich

page 21
***Treppe*, 2003**
(Escalier/Staircase)
Huile sur toile/Oil on canvas
280 x 173 cm
Musée national d'art moderne, Centre Pompidou, Don de la Société des amis du Musée national d'art moderne, Paris/
Gift of the Société des amis du Musée national d'art moderne, Paris
Courtesy
Barbara Gladstone Gallery, New York

page 23
***Dachboden*, 2003**
(Grenier/Attic)
Huile sur toile/Oil on canvas
125 x 100 cm
Collection particulière/ Private collection
Courtesy Mai 36 Galerie, Zürich

page 24
***Ohne Titel*, 2003**
(Sans Titre/Untitled)
Huile sur toile/Oil on canvas
150 x 100 cm
Courtesy Konrad Fischer Galerie, Düsseldorf

page 25
***Mann mit Pyjama*, 2003**
(Homme avec un pyjama/ Man in Pyjamas)
Huile sur toile/Oil on canvas
96 x 78 cm
Courtesy Konrad Fischer Galerie, Düsseldorf

pages 27–28
***Außen*, 2003**
(Dehors/Outside)
Huile sur toile/Oil on canvas
173 x 280 cm
Courtesy Mai 36 Galerie, Zürich

page 31
***Liegende*, 2003**
(Figure couchée/ Lying Figure)
Huile sur toile/Oil on canvas
65 x 95 cm
Courtesy
Barbara Gladstone Gallery, New York

page 32
***P. C. (klein)*, 2004**
(P. C. (petit)/P. C. (small))
Huile sur toile/Oil on canvas
55 x 46,5 cm
Courtesy Konrad Fischer Galerie, Düsseldorf

page 33
***P. C. (groß)*, 2004**
(P. C. (grand)/P. C. (large))
Huile sur toile/Oil on canvas
138 x 116,5 cm
Collection particulière/ Private collection

page 35
***Ohne Titel*, 2004**
(Sans titre/Untitled)
Huile sur toile/Oil on canvas
165 x 105 cm
Collection particulière/ Private collection

pages 37–38
***Innen*, 2003**
(Dedans/Inside)
Huile sur toile/Oil on canvas
173 x 280 cm
Courtesy Konrad Fischer Galerie, Düsseldorf

page 45
***Bett/Fenster*, 2002**
(Lit/Fenêtre/Bed/Window)
Huile sur toile/Oil on canvas
54 x 64 cm
Collection particulière/ Private collection, Düsseldorf

page 47
***Raumfigur*, 2002**
(Figure dans un espace/ Figure in space)
Huile sur toile/Oil on canvas
60 x 50 cm
Kunstsammlung Nordrhein-Westfalen, collection Ackermans/ Ackermans collection

page 49
***Raum*, 2002**
(Espace/Space)
Huile sur toile/Oil on canvas
62 x 75 cm
Collection particulière/ Private collection
Courtesy Konrad Fischer Galerie, Düsseldorf

pages 51–52
***7th Between 51st and 52nd Street**, 14:30 h*, 2002
Huile sur toile/Oil on canvas
170 x 260 cm
Kunstsammlung Nordrhein-Westfalen,
Collection Ackermans/ Ackermans collection

page 55
***Nachtraum I*, 1999**
(Espace de nuit I/ Night-space I)
Huile sur toile/Oil on canvas
40 x 50 cm
Collection Soltek-Seiler/ Soltek-Seiler collection, Berlin

page 56
***Felicity*, 2002**
Huile sur toile/Oil on canvas
68 x 52 cm
Collection particulière/ Private collection

page 57
***Nachtraum II*, 1999**
(Espace de nuit II/ Night-space II)
Huile sur toile/Oil on canvas
60 x 40 cm
Collection Soltek-Seiler/ Soltek-Seiler collection, Berlin

page 59
Sviatoslav Richter, 2002
Huile sur toile/Oil on canvas
69 x 97 cm
Collection particulière/
Private collection
Courtesy Mai 36 Galerie,
Zürich

page 60
Lena, 2000
Huile sur toile (ramie)/
Oil on canvas (nessel)
30 x 39 cm
Collection Joseph Pilters/
Joseph Pilters collection
Courtesy
Isabella Kacprzak, Berlin

page 61
Selbstporträt II, 2001
(Autoportrait II/
Self-portrait II)
Huile sur toile/Oil on canvas
30 x 39 cm
Collection particulière/
Private collection
Courtesy
Isabella Kacprzak, Berlin

page 63
Tropfen, 2000
(Gouttes/Drops)
Huile sur toile/Oil on canvas
53 x 31 cm
Collection particulière,
Munich/ Private collection,
Münich
Courtesy Isabella Kacprzak,
Berlin

page 64
Ohne Titel, 2000
(Sans titre/Untitled)
Huile sur toile/Oil on canvas
60 x 50 cm
Flick Collection

page 65
Spiegel, 2001
(Miroir/Mirror)
Huile sur toile/Oil on canvas
70 x 50 cm
Collection Graf und Gräfin
Marcus von Oeynhausen-
Sierstorpff, Bad Driburg

page 67
Im Gegenlicht, 1999
(Dans le contre-jour/
Against the Light)
Huile sur toile/Oil on canvas
50 x 40 cm
Katharina Sattler, Münich
Courtesy
Isabella Kacprzak, Berlin

page 69
Fernsehbild, 2000
(Image télévisée/
Television Image)
Huile sur toile/Oil on canvas
40 x 60 cm
Collection particulière,
Munich/ Private collection,
Münich
Courtesy Isabella Kacprzak,
Berlin

page 70
Ohne Titel, 2001
(Sans titre/Untilted)
Huile sur toile/Oil on canvas
36 x 50 cm
Collection particulière/
Private collection

page 71
Ohne Titel, 2000
(Sans titre/Untitled)
Huile sur toile/Oil on canvas
50 x 60 cm
Flick Collection

Magnus von Plessen et Christine Macel remercient toutes les personnes qui ont participé à l'élaboration de ce projet et en particulier : Carlo Bottigelli, Leonille Douglas, Flick Collection, Johannes Fricke-Waldthausen, Pontus Hulten, Joseph Pilters, Katharina Sattler, ainsi que tous les prêteurs qui ont souhaité rester anonymes.

Magnus von Plessen and Christine Macel would like to acknowledge all the individuals who participated in the preparation of this project and would like to extend a special word of thanks to the following people: Carlo Bottigelli, Leonille Douglas, Flick Collection, Johannes Fricke-Waldthausen, Pontus Hulten, Joseph Pilters, Katharina Sattler, as well as all the lenders who wish to stay anonymous.

Né à Hambourg en 1967, travaille à Berlin-Lichtenberg au bord de l'eau, depuis 1999.

Born in 1967 in Hamburg, works in Berlin-Lichtenberg by the waterside since 1999.

Expositions personnelles/Solo Exhibitions

2002

. Exposition d'ouverture/Inaugural exhibition, K 21 Kunstsammlung Nordrhein-Westfalen, Düsseldorf

. PS1, New York

. «Magnus von Plessen, Malerei», K 21 Kunstsammlung Nordrhein-Westfalen, Düsseldorf * (Textes de/texts by Julian Heynen, Daniel Marzona, et entretien avec/and interview by Ulrich Loock)

2001

. Neues Kunstmuseum Luzern * (Textes de/texts by Ulrich Loock et/and Julian Heynen)

Expositions collectives/Group Exhibitions

2003

. «Clandestine», «Dreams and conflict », 50e Biennale de Venise/50th Venice Biennale, organisée par/curated by Francesco Bonami *

. Mai 36 Galerie, Zürich

Publications

. Christine Macel, «À l'Est du nouveau, actualité de la peinture en Allemagne», *Art Press*, n°294, octobre/October 2003

. Daniel Marzona, «Zürich : Magnus von Plessen in der Galerie Mai 36», *Kunstbulletin*, juin/June 2003

. Daniel Marzona, «Spatial pictures/pictorial spaces, Magnus von Plessen», *Tema celeste*, n°98, juillet-août/July-August 2003

. Noemi Smolik «Magnus von Plessen», *Artforum*, XLII, n°3, novembre/November 2003

*avec catalogue/with catalog

Centre National d'art et de culture Georges Pompidou

Bruno Racine, President
Bruno Maquart, Directeur général
Alfred Pacquement, Directeur du Musée national d'art moderne
Dominique Païni, Directeur du Département du développement culturel
Jean-Pierre Marcie-Rivière, Président de l'Association pour le développement du Centre Pompidou
François Trêves, Président de la Société des Amis du Musée national d'art moderne

Exposition

Commissariat
Christine Macel,
conservateur au Musée national d'art moderne

Chargée de recherche
Marie Bonnet

Chargé de production
Hervé Derouault

Réalisation architecturale et scénographie
Laurence Fontaine

Régisseur des œuvres
Naïma Kadri

Régisseur des espaces
André Toutcheff

Ateliers et moyens techniques
Emmanuel Gentilhomme, Noël Viard,
Jacques Rodrigues

Identité graphique et signalétique
Frédéric Teschner

Direction de la production

Directeur
Catherine Sentis-Maillac

Chef du service des manifestations
Martine Silie

Adjointe au Chef du service des manifestations
Nathalie Roussel

Chef du service de la régie des œuvres
Annie Boucher

Chef du service administratif et financier
Delphine Reffait

Chef du service architecture
et réalisations muséographiques
Katia Lafitte

Chef du service audiovisuel
Anne Baylac-Marthes

Chef du service ateliers et moyens techniques
Michel Antonpietri

Publication

Direction d'ouvrage
Françoise Bertaux

Conception
Christine Macel et Magnus von Plessen

Chargée de recherche
Marie Bonnet

Traduction
Charles Penwarden

Relecture de l'anglais
Natasha Edwards

Fabrication
Jacky Pouplard

Conception et réalisation graphique
Frédéric Teschner

Direction des Éditions

Directeur
Philippe Bidaine

Responsable commercial/droits étrangers
Benoît Collier

Gestion des contrats et droits
Matthias Battestini, Claudine Guillon

Administration des éditions
Nicole Parmentier

Administration des ventes
Josiane Peperty

Communication
Evelyne Poret

Direction de la communication

Directeur
Jean-Pierre Biron

Relations publiques
Florence Fontani

Attachée de presse
Aurélie Gevrey

Centre National d'art et de culture Georges Pompidou

Bruno Racine, Président
Bruno Maquart, Director
Alfred Pacquement, Director of the Musée national d'art moderne
Dominique Païni, Director of the Département du développement culturel
Jean-Pierre Marcie-Rivière, Chairman of the Centre Pompidou's Development Association
François Trêves, Chairman of the Amis du Musée national d'art moderne

Exhibition

Exhibition Curator
Christine Macel
curator of the Musée national d'art moderne

Curatorial Assistant
Marie Bonnet

Exhibition Coordinator
Hervé Derouault

Exhibition Architect
Laurence Fontaine

Registrar
Naïma Kadri

Chief Exhibition Technician
André Toutcheff

Technical Production
Emmanuel Gentilhomme, Noël Viard, Jacques Rodrigues

Graphic Designer and Exhibition Signage
Frédéric Teschner

Production Department

Director
Catherine Sentis-Maillac

Exhibition Management
Martine Silie

Assistant Exhibition Manager
Nathalie Roussel

Head of Registrar Department
Annie Boucher

Head of Administration and Finance Department
Delphine Reffait

Head of Architecture and Exhibition Design Department
Katia Lafitte

Head of Audiovisual Department
Anne Baylac-Marthes

Head of Technical Production Department
Michel Antonpietri

Publication

Editor
Françoise Bertaux

Conception
Christine Macel and Magnus von Plessen

Photo Editor
Marie Bonnet

Translation
Charles Penwarden

English Copy Editor
Natasha Edwards

Production Supervisor
Jacky Pouplard

Graphic Designer
Frédéric Teschner

Publications Department

Director
Philippe Bidaine

Sales Manager/Foreign Rights
Benoît Collier

Rights and Contracts Administrators
Mathias Battestini, Claudine Guillon

Publications Administrator
Nicole Parmentier

Sales Administrator
Justine Peporty

Communication
Evelyne Poret

Communication Department

Director
Jean-Pierre Biron

Public Relations
Florence Fontani

Press Attaché
Aurélie Gevrey

Crédits photos / Photo Credits

Pages 6, 12, 67-69, photos: Wilfried Petzi
Pages 7, 13, 64, 71, photos: Christian Schwager Winterthur
Pages 19-59, 61, 65, 70, photos: Jochen Littkemann
Couverture et pages 60, 63, photos: Sebastian Schöbbert

Achevé d'imprimer en juin 2004
sur les presses de l'imprimerie Néo-Typo,
à Besançon, France